Widmung

Dieses Buch widme ich allen Menschen, die immer an mich und meine Ziele geglaubt haben. Die stets mehr in mir gesehen und mich ermutigt haben immer nur noch einen Schritt weiter im Leben zu gehen. Danke für eure Unterstützung und die vielen Herausforderungen, die ich dank euch auch meistern durfte.

Ohne euch wäre dieses Buch niemals entstanden.
Das ist für euch.

Über den Autor

Fitnessmodel und #1 Bestseller Autor - Doch das war nicht immer so! Nach einem schweren Unfall im Jahr 2013 sicherten mir 3 unterschiedliche Ärzte zu, ich könnte nie wieder Kraftsport machen. Für mich brach in diesem Moment meine gesamte Welt zusammen. Nur wenige Wochen zuvor entfachte die Leidenschaft zum Sport in mir und ich wollte die beste Version meiner selbst werden.

Doch ich kämpfte mich zurück. Nach mehreren OP's und monatelanger schmerzhafter Reha meldete ich mich am 01.01.2014 das aller erste Mal in meinem Leben in einem Fitness-Studio an. Von da an gab es kein Zurück mehr ...

Bereits im Sommer 2015 konnte ich mir meinen ultimativen Traum in diesem Sport erfüllen: Ich bekam ein Profi-Vertrag als Fitness-Model und konnte von nun an meine Leidenschaft zum Beruf machen.

Aus diesem Beruf entwickelte sich meine Berufung.

Ich wollte anderen Menschen ebenfalls dabei helfen ihren Traumkörper zu erreichen und ihnen diesen Weg ebnen. Doch es kam anders als geplant ... Je mehr ich versuchte zu helfen, desto mehr Steine wurden mir in den Weg gelegt und desto mehr Missstände wurden mir innerhalb der Fitnessindustrie bewusst.

Plötzlich sah ich alles: Fitnessmagazine verbreiten absichtlich falsche Mythen für mehr Profit; Youtuber spitzen sich Un-mengen an Anabolika und lügen ihren Fans dann dreist ins Gesicht und behaupten sie hätten ihren Körper auf natürlichen Wegen erreicht.

Aus meinen Enthusiasmus entwickelte sich Frust. Frust über die Verlogenheit und ebenfalls die Naivität vieler ihrer Kunden. Ich konnte täglich sehen, weshalb sich die Leute im Kreis drehen und niemals ihre Ziele erreichen.

Anstelle glücklich und zufrieden zu werden, konnte ich sehen, wie viele immer unglücklicher wurden ... einfach weil sie niemals den selben Körper wie ihre Idole erreichen würden - trotz mehrerer hundert Euro Investitionen in ihre Programme ...

Photoshop, Steroide und immer wieder die selben alten Mythen ... Damit sah ich mich konfrontiert und ich wollte nicht derjenige sein, der den Leuten all dies sagen muss.

So beschloss ich der Fitnessindustrie den Rücken zu kehren. Ich liebte zwar den Sport immer noch mit meinem ganzen Herzen - doch ich wollte nicht noch einen einzigen Satz darüber reden müssen.

Doch ich wollte der Welt eine Kleinigkeit hinterlassen. Einen kleinen Ratgeber für die wenigen Menschen dort draußen, die sich wirklich verändern wollen und genau deshalb die Wahrheit verdient haben.

Also schrieb ich mein erstes kleines Buch: Die Fitness Fibel. Ursprünglich nur gedacht für Freunde und Bekannte, veröffentlichte ich das Buch dennoch im Sommer 2016 im Self-Publishing. Nur wenige Wochen später kletterte mein Buch an die Spitze der Amazon-Charts und wurde #1 Bestseller im Bereich Fitness & Bodybuilding - und da sollte es über 1 Jahr lang am Stück bleiben.

Hunderte Nachrichten erreichten mich seitdem von begeisterten Lesern, die endlich Fortschritte machten und sich spürbar ihrem großem Ziel näherten.

Und so waren es tatsächlich die vielen Leser, die mich letztlich dazu überredeten meinen eigenen innersten Traum wieder aufleben zu lassen und den Menschen den wahren Weg zum Erfolg zu zeigen.

"Realness over Fakeness" - so würde ich meine Arbeit betiteln.

Heute ist das Lehren von Fitness und Gesundheit mein persönliches Herzensprojekt. Über Instagram, Youtube und meinen Blog rede ich daher viel über Motivation, Trainingslehre und wie das mit dem Essen wirklich funktioniert.

Oder wie Ich es gerne sage:
"Kein Bullshit auf dem Weg zum Traumkörper!"

Auf diesem Bild trainiere ich bereits 2 Jahre sehr intensiv - nur falsch und ich habe keine Ahnung von der Ernährung. Ich befolge alle Ratschläge gängiger Magazine und gebe mein gesamtes Geld jeden Monat für Supplemente aus...

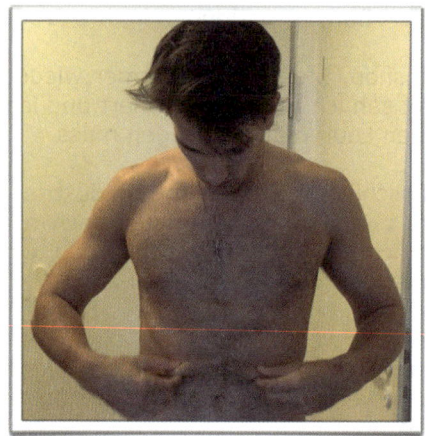

Und das bin ich weitere 2 Jahre später - mit smartem Training und smarter Ernährung ... genau nach der Art und Weise, wie ich sie dir jetzt zeigen werde. Du kannst also gespannt sein!

Fitness Fibel Kochbuch

INHALT

Du bist was Du isst ... dieser Satz könnte im Fitness nicht wahrer sein - kompliziert muss aber nicht sein.

Diverse Mythen, Lügen und falsche Gurus verwirren uns und halten uns zurück. Hier erfährst Du Klarheit.

Du kannst eine tollen Körper aufbauen und das auch ohne jedes Mal den Taschenrechner zu zücken ...

So passt Du jedes Gericht auf deine Ziele an und holst das Maximum aus diesem Buch und deiner Ernährung.

Für den kleinen Hunger zwischendurch gibt es auch leckere und gesunde Alternativen.

SHAKES 102

Wir alle lieben Shakes - Sie sind einfach zu zubereiten und eine tolle Protein-Quelle nach dem Training.

Für alle Mahlzeiten, bei denen man an Kohlenhydraten sparen möchte und viel Fett und Eiweiß tanken will.

HIGH CARB GERICHTE   186

Endlich was richtig Bissfestes: Kohlenhydrate. Diese
Gerichte eignen sich bestens für nach dem Training.

LOW CALORIES GERICHTE   246

Diese Gerichte sind besonders für die Diät geeignet und sind besonders kalorienarme Alternativen.

Nachspeisen dürfen natürlich auch in diesem Buch nicht fehlen - viel Spaß beim schlanken Genießen.

Ich will diesen Sport von Grund auf verändern. Hilfst Du mir?

Vorwort

Hey Athlet!

Niemals hätte ich mir erträumt, dass ich Autor eines Kochbuches werde …

Vor wenigen Jahren habe ich das Kochen noch absolut gehasst und abgesehen davon, dass ich komplett untalentiert war, war ich so oder so eher Fan von Döner und Pizza … und das sah man mir auch an. Doch als auch mich der Fitnessvirus infizierte hatte ich Wohl oder Übel keine andere Wahl mehr, als mich endlich an den Herd zu stellen.

Meine ersten Jahre im Krafttraining sahen dabei ungefähr so aus: Ich kaufte mir ein Fitnessmagazin nach dem nächsten und kochte sämtliche Ernährungspläne meiner großen Bodybuilding-Ikonen nach. Ich habe immer wieder gelesen, ich müsse einfach nur viel essen und schon kommen die Muskeln quasi von selbst.

Also aß und aß ich … besonders viel Reis, Brokkoli und trockenes Hähnchen. Rindersteaks durften natürlich auch nicht fehlen und so baute ich Kilo um Kilo auf - jedoch hauptsächlich Fettmasse. Anstatt wie ein echter Athlet auszusehen, der tatsächlich sein gesamtes Geld in das Fitness-Leben investierte, sah ich aus wie der letzte Möchtegern und eine wirklich sportliche Figur hatte ich selbst nach 2 Jahren intensivstem Krafttraining leider nicht.

Ich war frustriertet. Sehr frustriertet … doch anstatt einfach aufzugeben machte ich meine eigenen Recherchen. Ich studiere die Arbeit Top Natural-Bodybuilder, laß diverse Studien und langsam aber sicher eröffnete sich mit das große zusammen-hängende Bild.

Plötzlich war alles einfach. Alles ergab einen Sinn und ich machte Fortschritte.

Mit steigendem Wissen und den ersten sichtbaren Resultaten wurde auch meine Leidenschaft zum Kochen größer und größer. Ich probierte immer mehr aus, brachte mehr Variation in mein Essen und baute mir langsam aber sicher meinen Traum-Ernährungsplan.

Und dieses befolgte ich Tag für Tag ...

Heute arbeite ich als erfolgreiches Fitnessmode und rückblickend muss ich ehrlich gestehen, dass mein körperlicher Erfolg eher nebenbei und als reines Nebenprodukt in mein Leben kam. Ich gab meinem Körper exakt was er brauchte und hatte dabei so viel Spaß, dass ich eines vollkommen überrascht in den Spiegel schaute und mich wunderte, was denn aus mir geworden ist.

Genau das ist die Arbeit einer guten Ernährung. Sie macht Spaß, sie befriedigt und sie ist flexibel. Sie ist nicht hart, sondern ein treuer Begleiter, der einen sanft Stück für Stück an Ziel trägt. Dieser Erfolg unterliegt harten Fakten und neustem Wissen. Wissen darüber, wie alles zusammenpasst und wie man die einzelnen Puzzle-Stücke der Ernährung sinnvoll aneinander reiht.

Doch dieses Wissen wird so gut wie immer in den großen Magazinen verschwiegen oder ihre Wichtigkeit nie deutlich dargelegt.

Aus meiner eigenen Frustration und weil ich selber täglich so viele Menschen sehe, die sich verzweifelt verändern wollen - es aber aufgrund mangelndem Wissens und fehlender Inspiration es einfach nicht schaffen - habe ich dieses Kochbuch geschrieben.

Wie schon mein Hauptwerk die Fitness Fibel 2.0 ist auch dieses Buch in meinen Augen eher untypisch. Weder bin ich Koch noch habe ich auch nur im entferntesten Ansatz jemals in der Küche gearbeitet. Ich bin kein Kräuterexperte und als wahren Gourmet würde ich mich auch nicht bezeichnen.

Aber ich bin ein wahrer Liebhaber von gutem Essen und habe so über die Jahre meine eigenen Kochkünste nicht nur verbessert, sondern gleichzeitig auch das Kochen lieben gelernt.

Ich meine, es hat doch wirklich etwas liebevolles an sich - nicht wahr?

Darüberhinaus ist Essen eines der essentiellsten Dinge in unserem Leben. Nicht nur für unser Überleben, sondern auch für unsere Gesundheit. Zu viele Menschen habe keine Ahnung was und warum sie überhaupt den ganzen Tag in sich hineinstopfen ... So ist es in meiner Welt auch kein Wunder, dass immer mehr Menschen an schlimmen Krankheiten erleiden und die Zahl der Übergewichtigen immer weiter in die Höhe steigt.

Doch die Diät-Industrie freut das. So gibt es tolle Wundermittel zur Lösung: Detox-Tees, Abnehmen-Shakes, Kohlenhydrate Blocker und was es sonst noch so für tolle "Wundermittelchen" gibt ...

Nur Resultat gibt leider wenige. Zu viele Menschen hängen im freien Fall und suchen sogar verzweifelt diverse Ärzte auf, weil die denken ihr Stoffwechsel wäre schuld an der ganzen Misere.

Doch dem ist nicht so.

Zu- und Abnehmen ist ein unfassbar simpel Prozess - zumindest in der Theorie. Wie dies genau funktioniert, verrate ich dir gleich. Doch zunächst lass mich dir eine kurze Vorschau auf das geben, was dich in diesem Kochbuch erwartet.

Ich habe dieses Buch für das echte Leben geschrieben. Du findest hier Rezepte und Ideen für jeden Tag und Alltag. Meine Gerichte brauchen keine stundenlange Vorbereitungen und sie sind auch nicht schwer zu kochen.

Der Großteil meiner Rezepte ist schnell gekocht, einfach zubereitet und jedes einzelne schmeckt verdammt lecker - und bringt mit der richtigen Modifikation garantiert jeden an sein Ziel.

Dieses Buch soll dir Spaß in dein Leben und deine Ernährung und wurde von jemanden geschrieben, der selbst zwei linke Hände in der Küche - dafür aber mit dicken Bizeps und Sixpack.

Ich wünsche dir viel Spaß bei der Umsetzung und beim Kochen

Dein Coach
Sjard

Mythen und Irrtümer in der Ernährung

Es scheint eines der größten Rätsel der Neuzeit zu sein: Gesund Abnehmen und das am besten noch dauerhaft. Dass gesundes Abnehmen in Wirklichkeit super einfach und alles andere als ein Hexenwerk ist, ist leider nur den Wenigsten bekannt ...

Mit meiner Arbeit will ich für weniger B-S und mehr Klarheit sorgen, weshalb ich dieses Kochbuch damit starten werden, einige der größten Mythen und Lügen zu entlarven und dir so den wahren Weg zur Traumfigur ebnen will ...

Zwar ist es schon ein Weilchen her, doch ich weiß ganz genau wie es sich anfühlt unzufrieden mit seinem Körper zu sein, mit seinen Resultaten und einfach nicht zu wissen, was genau man denn tun sollte. Auch ich probierte eine Diät nach der Nächsten aus, trank diverse Smoothies und Abnehmshakes, mischte Kokosöl in meinen Tee in der Hoffnung auf eine bessere Fettverbrennung und befolgte all die vielen Ernährungstipps aus den großen Magazinen ...

Nur eines blieb aus: Der Erfolg.

Entweder nahm ich ab, doch unter so extremen Bedingungen, dass mein Gewichtsverlust nicht nachhaltig war oder aber es tat sich einfach nichts. Ich war unzufrieden. Unzufrieden mit meinen Ergebnissen und meinem Körper.

Ich bin mir sicher, dass es vielen Leuten so oder so ähnlich geht, weshalb ich diesen Artikel schreibe, um dir endlich Klarheit zu vermitteln.

Nach 2 Jahren des mühsamen Testen diverser Diäten, Rezepte und Abnehmtipps hatte ich die Schnauze voll und begab mich auf meine eigene Recherche - und das mit unvorstellbaren Resultaten. Heute - weitere 3 Jahre später - habe ich nicht nur Gewicht verloren und meine Traumfigur erreicht, ich habe es sogar geschafft mit meinem Körper als Fitnessmodel meinen Lebensunterhalt zu verdienen.

Das sage ich nicht um anzugeben, sondern um dir zu verdeutlichen, was möglich ist, wenn man einfach nur die richtigen Schritte geht ...

In der Praxis wird leider unfassbar viel falsch gemacht, weshalb das Projekt "Traumkörper" nur wenigen Menschen gegönnt ist.

Das dies nicht so sein muss, zeige ich dir jetzt hier ...

Kalorienzählen ist Überbewertet

Ein gesunder und fitter Körper ist schon viele tausende Jahre ein begehrenswertes Schönheitsideal. Egal ob bei den alten Römern oder im antiken Griechenland: Ein definierter Körper ist der Inbegriff von Ästhetik.

Doch es geht beim gesunden Abnehmen weit darüber hinaus, einfach nur nur gut auszusehen. Es geht tatsächlich ebenso um die eigene Gesundheit. Immer mehr Menschen leiden an Adipositas (Übergewicht) und schweren Folgeerkrankungen wie Diabetes Typ-2 oder Alzheimer. Dies schränkt nicht nur dramatisch die Lebensqualität von Millionen von Leuten ein, sondern führt ebenso zum frühen Tode und begräbt somit einzigartiges Potential vieler Menschen frühzeitig unter der Erde ...

Die Zahlen sind erschreckend: Deutschland ist so dick wie nie zuvor. So sind aktuell 57% der Männer und 39% der Frauen übergewichtig und am Ende ihres Berufsleben sind schockierende 74,2 % der Männer einfach zu Fett und haben zu viele Pfunde auf den Hüften.[1]

So scheint es ein Rätsel zu sein, wie man denn überhaupt dauerhaft gesund abnehmen kann und sich so in Shape bringen kann? Und ein Sixpack ist doch so oder so nur etwas für die "Über-Athleten" mit überragender Genetik - oder?

Falsch!

All das muss nicht sein.
All das ist selbst verschuldet und ich möchte dir nun den Weg aus Detox-Tee's zum Abnehmen und falschen Werbe-versprechen zeigen und starte hiermit mit den wahrscheinlich größten Mythen, die Dich daran hindern gesund abnehmen zu können. Hinweis: Es ist wirklich so viel einfacher, als es dir immer verkauft wird - wenn man einfach nur das Richtige macht.

Drei Mal darfst du raten mit welcher Art von Menschen ich die Diskussion über das Zählen von Kalorien stets und immer wieder aufs Neue führe? Richtig - nur mit Übergewichtigen. Traurig, aber wahr.

Lass mich dir eines als Menschen verraten, der professionell mit seinem Körper sein Geld verdient. Jemand, dessen Gehalt davon abhängig ist, wie er Oberkörperfrei vor der Kamera aussieht:

Nenn es Kalorien zählen, Mahlzeiten vorbereiten oder wie auch immer - Um gesund Abnehmen zu können musst du deine Nahrungsaufnahme regulieren und vollsten im Griff haben. Abnehmen ist wirklich einfach, zumindest aus Sicht der Wissenschaft. Folgenden Begriff musst du in voller Konsequenz verstehen: Die Energiebilanz.

Die Energiebilanz ist am Ende des Tag darüber entscheidend ob man zu oder abnimmt. Und zwar ohne Ausnahme. Immer. Unser Körper und unser Stoffwechsel ist ein ganz normales Energie-system. Er verbraucht Energie und wir geben ihm Energie. Geben wir dem Körper zu viel Energie speichert er die überschüssige Energie ab (als Fett). Geben wir dem Körper weniger Energie als er im Alltag verbraucht, dann nutzt er die eigenen Energiereserven um dieses Energiedefizit auszugleichen und wir bauen Fett ab.

Das klingt sicher Basic für dich und es ist bei weitem wirklich nichts neues - und doch probieren die meisten Menschen genau diesen einen Fakt zu umgehen und denken mit der nächsten neuen hippen Entschlackungskur würde es schon klappen.

Kein Wunder, dass es gefühlt jede neue Woche eine neue Diät gibt. Die Leute fragen schließlich danach und fallen so immer wieder aufs Neue darauf rein.

Folgende Grafik veranschaulicht das ganz schön:

Diätname	Was man macht	Warum es funktioniert
Vegan	- viel Carbs, wenig Fett und möglichst vollwertig	Kaloriendefizit
Low Carb	- wenig Carbs und mehr Eiweiß und Fette	Kaloriendefizit
Ketogene Diät	- keine Carbs mehr, etwas Eiweiß und viel Fett	Kaloriendefizit
Weight Watchers	- punktebasiertes essen für bessere Portionen	Kaloriendefizit
Paleo Diät	- keine verarbeiteten Lebensmittel, viel Gemüse	Kaloriendefizit

@ www.sjardroscher.de

Wie du siehst spielt es dabei überhaupt keine Rolle, wie viele Kohlenhydrate oder Fette man zu sich nimmt - allein die Kalorienbilanz spielt die entscheidende Rolle.

Auch Studien haben das belegt und gezeigt, dass so lange man weniger Energie zu sich nimmt, es keine Rolle spielt ob man eine Low-Carb Diät macht oder viel Kohlenhydrate zu sich nimmt - man nimmt mit beiden gleichermaßen gut ab. [2]

Die Makronährstoffverteilung spielt zwar ebenso eine wichtige Rolle wenn es darum geht beispielsweise möglichst viel Muskulatur während einer Diät zu erhalten, aber für den reinen Gewichtsverlust spielt immer nur die negative Energiebilanz die entscheidende Rolle, sprich das Kaloriendefizit.

Kommen wir aber nochmals auf den Menschen als Energiesystem zurück.

Zu jedem gegebenen Zeitpunkt benötigt unser Körper eine bestimmte Menge an Glukose im Blut um zu leben. Diese Glukose ist essentiell für jede einzelne Zelle im Körper damit alles (Organe, Gehirn etc.) ordnungsgemäß funktionieren kann. Wenn wir nun Nahrung aufnehmen füllen wir unseren Körper wieder mit Energie. Und zwar Energie in Form von Kalorien.

Die Glukose in unserem Blut steigt an, jedoch viel höher als wir es eigentlich brauchen. Anstatt die überschüssige Glukose nun aber einfach nur zu "verbrennen", speichert der Körper sie als Körperfett ab und kann sie so später wieder verwenden und die Nahrung ist nicht verschwendet.

Hier kommt das Hormon Insulin ins Spiel.

Insulin hilft dem Körper dabei die aufgenommene Nahrung als Körperfett zu speichern und richtet durch viele verschiedene Prozesse unseren Stoffwechsel auf Fett-Einlagerung. Daher stammen im Übrigen auch die vielen Low-Carb Diäten, die argumentieren, dass man nur Lebensmittel essen müsste, die kaum Insulin stimulieren (Fette und Eiweiße) und schon könnte man kinderleicht gesund abnehmen. Stimmt teilweise und eine optimierte Ernährung, die weniger Insulin ausstößt, macht einem das Leben während einer Diät einfacher. An der Energiebilanz ändert diese Tatsache jedoch auch nichts.

Was macht der Körper aber nun, wenn mal gerade keine Nahrung aufgenommen wird zur Glukosegewinnung? Er holt sich seine Glukose aus den eigenen Fettreserven und beginnt diese im Namen der Energiegewinnung abzubauen.

So wechselt der Körper stets zwischen "gefastetem" und "gefüttertem" Zustand bzw. zwischen Fettaufbau und Fett-abbau. Und das ganzen Tag immer wieder …

Die folgende simple Grafik bringt die verschiedenen Zyklen schön auf den Punkt:

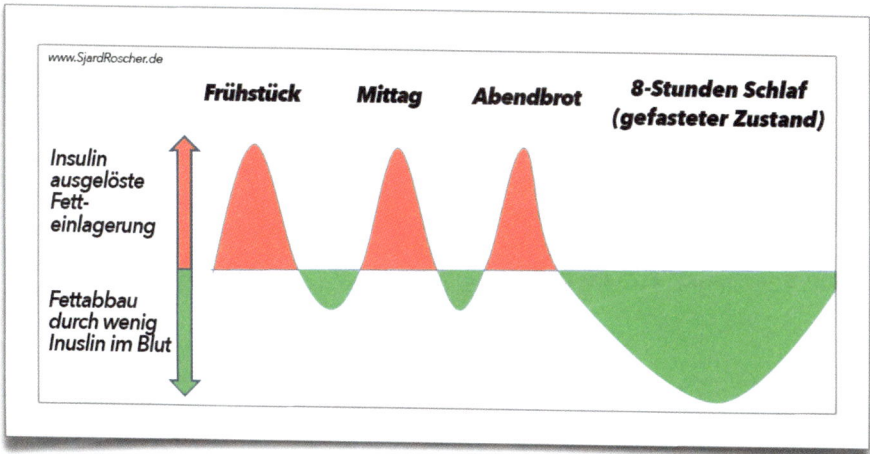

Das ganze ist die Energiebilanz.

Wenn die grünen und roten Flächen ausbalanciert sind am Ende des Tage - sprich genau so viel Fett verbrannt wie aufgebaut wurde - bleibt das Gewicht stets das Selbe. Wenn man mehr Fett einlagert als verbrennt (durch zu viel Essen), nimmt man zu. Und wenn man dagegen mehr Fett verbrennt als man aufbaut, dann nimmt ab. Immer.

Ganz einfache Kiste möchte man meinen ...

Das ist der fundamentale Mechanismus wie zu- und abnehmen funktioniert. Dieser Mechanismus ist dabei bei jedem einzelnen Menschen stärker als jedes Hormon oder jedes Einschränken der Ausschüttung von Insulin sein kann.

Auf den Punkt gebracht: Man kann nicht fetter werden, außer man nimmt mehr Energie zu sich, als man verbrennt.
Außerdem gibt es keine andere Möglichkeit sich vom eigenen Fett zu trennen, als weniger Energie zu sich nehmen, als man verbrennt.

Egal welche Diät oder Ernährungsweise. Dieses Prinzip ist universell und es gibt keine Ausnahmen.

Konträr zu vielen aktuellen Ansichten spielt es dabei keine Rolle wie viel oder welche Kohlenhydrate man isst oder wie hoch der jeweilige Insulinausstoß nach einem bestimmten Gericht ist. Die Energiebilanz ist reine Physik und das erste Gesetzt der Thermodynamik greift hier in voller Konsequenzen: die Fett-zunahme kann nicht erhöht werden ohne das überschüssige Energie zugeführt wird und kann nicht verringert werden ohne die Restriktion von Energie.

Punkt.

Low Carb ist optimal zum Fettverlust

Ein gesunder und fitter Körper ist schon viele tausende Jahre ein begehrenswertes Schönheitsideal. Egal ob bei den alten Römern oder im antiken Griechenland: Ein definierter Körper ist der Inbegriff von Ästhetik.

Viele Leute denken beim Abnehmen sofort an eine harte und trostlose Diät, die weder Spaß, Freude noch Befriedung kennt. Ferner denken viele Leute weiter, dass besonders Low Carb Diäten der einzig wahre Weg zur Traumfigur ist. Schließlich liest, hört und sieht man es doch über all ...

In der Zeitung an der Kasse im Supermarkt, auf gängigen Website im Internet und unter vielen Instagram-Beiträgen von super schlanken Mädels.

Dazu kommen noch diverse Fitness-Gurs und Experten und schon ist Sache klar: mit Kohlenhydraten kann ein Abnehmen nicht funktionieren und der Feind an Allem ist deklariert.
Low Carb ist nicht nur im Trend - so wird auch oftmals jede Form des Kohlenhydrats verteufelt sowie jedes Lebensmittel, welches auch nur im Ansatz einen Insulinausschuss zur Folge hat.

Nun - Sowohl ich als auch die Wissenschaft sieht das Thema etwas anders.

Zunächst einmal Ja - mit Low Carb kann man abnehmen (wie mit jeder anderen Diät-Form auch, solange man sich im Kaloriendefizit befindet). Dies haben auch Studien immer wieder gezeigt - selbst sogar besser als im Vergleich zu einer High Carb Diät. [3][4]

Das Problem bei so ziemlich allen Studien (auf die sich auch die ganzen Experten beziehen), die darlegen wollen, dass Low Carb bessere Ergebnisse erzielt als eine Diät mit vielen Kohlen-hydraten, ist lediglich die Auslegung bzw. die Gestaltung dieser und vieler weiteren Studien.

In fast allen Studien aß die High Carb Gruppe deutlich weniger Eiweiß, als die Low Carb Gruppe. Somit war der wirklich Vergleich im Grunde viel Kohlenhydrate & wenig Eiweiß gegen viel Fett & viel Eiweiß. Und hier ist das erste große Problem. Besonders in der Diät brauchen viel und vermehrt Eiweiß, damit wir unsere Muskelmasse vor einem möglichen Abbau schützen können.[5]

Essen wir nicht genug Eiweiß und verlieren deshalb auch an Muskelmasse. Dies hat 3 verhängnisvolle Folgen:

1. Wir verbrennen weniger Kalorien in unseren Workouts.[6]
2. Der tägliche Grundumsatz verringert sich. [7]
3. Die Verbrennung von Fett und Zucker wird beeinträchtigt.[8]

... und das alles führt insgesamt zu einem schlechteren Fettabbau.

Nun gibt es auch einige Studien [9][10][11], die genau nach dieser Voraussetzung (viel Eiweiß bei beiden Varianten) ausgelegt wurden und siehe da, man fand heraus, dass man mit beiden Diätformen gleichermaßen gut abnehmen kann. Die erste Studie war sogar eine ketogene Diät - sprich die extremste Form des Low Carbs.

Besonders die Keto-Anhänger werben immer wieder damit, dass mit ihrer Ernährungsform der Körper ja auf die eigene Fettverbrennung umschalten würde für die Energiegewinnung und das man deshalb quasi vollkommen automatisch abnimmt ...

Das ist jedoch absoluter Blödsinn und so lange die Energie-bilanz nicht negativ ist, wird auch hier niemand abnehmen. Soviel können wir festhalten und auch - dass wenn es um das reine Abnehmen an sich geht - eine Low Carb Diät nicht geeigneter als alles andere Diäten ist.

Dennoch ist eine Low Carb Diäten vor allem für Athleten und Sportler generell ungeeignet. Und somit auch für dich und dieses Buch.

Sobald man die Kohlenhydratzufuhr senkt, sinkt auch die Menge an Glykogenen in unserer Muskulatur [12].

Dies hat zur Folge, dass auch unsere Leistungen im Fitness-studio einbrechen werden. So zeigten Studien, dass so sowohl Kraft als auch Ausdauer sinken [13], was wiederum dafür sorgt, dass die Reize im Training zurück gehen werden, der Körper beginnt Muskulatur abzubauen und wir sind wieder beim ersten Problem angelangt ... Das ist ein wahrer Teufelskreis.

Um möglichst viel reine Muskelmasse während einer Diät halten zu können, müssen die Intensität im Krafttraining hochhalten und weiterhin schwer trainieren. Nur so wird der Körper merken, dass die Muskulatur weiterhin dringend benötigt wird und wird sie deshalb sich kaum abbauen.

Dieser negative Effekt tritt selbst im Kalorienüberschuss auf und mit einer Low Carb Lebensweise werden auf Dauer nicht die Reize gesetzt, wie sie eigentlich möglich wären.
So kann auf Dauer die progressive Überladung nicht voll umgesetzt werden und deshalb resultiert eine kohlenhydratarme Ernährung in einem schlechteren Muskelaufbau über einen langen Zeitraum [14].

Außerdem hat sich bei Sportlern gezeigt, dass eine kohlen-hydratarme Diät das Cortisol Level hebt und den Testosteron-spiegel senkt[15]. Auch dies kann während einer Diät zu Problemen führen und ist alles andere als ideal.

Es wird leider noch trauriger, denn eine Low Carb Diät verschlechtert insbesondere die athletischen Leistungen - auch bei Kraftsportlern. Schwere körperliche Aktivitäten verbrauchen viel Glykogen [16] und um eine maximale Leistungsfähigkeit zu gewährleisten, brauchen wir stets eine Auffüllung dieser leeren Glykogenspeicher - und das schafft man am besten mit Kohlenhydraten [17].

Alles in allem ist eine Low Carb Diät nicht besser als eine Diät mit vielen Kohlenhydraten - ganz im Gegenteil.

Ist Low Carb deshalb nur schlecht? Nein, das auch nicht ...

Kohlenhydrate sind der einzig wirkliche Makronährstoff, an dem wir groß drehen können. An den Proteinen zu sparen ergibt keinen Sinn, ebenso wenig ab einer bestimmten Menge die Fettzufuhr noch weiter zu reduzieren. Gute Fette sind ebenso essentiell für unsere Gesundheit wie jeder andere Nährstoff in der Ernährung auch.

So nutze ich eine Low Carb Ernährung beispielsweise für 2 Dinge.

1. Für einen Mini-Cut. Den Mini-Cut beschreibe ich ausführlich in meinem Buch die Fitness Fibel 2.0. Im Grunde ist es eine sehr strikte Diät über nur 7 Tage, bei dem die Kalorienzufuhr stark reduziert wird. Um den größtmöglichen Effekt zu haben und gleichzeitig seinem Hormonhaushalt keinen Schaden zu zuführen, muss ich wohl oder über meine Kohlenhydrate senken und komme somit in kurze Low Carb Phase.

2. Das zweite Szenario trifft immer dann ein, wenn ich mich auf ein Fotoshooting vorbereite. Kohlenhydrate ziehen und halten Wasser im Körper und sobald man diese für gute 7 Tage in seiner Ernährung reduziert, löst sich auch subkutanes Wasser vom Körper und man sieht nochmals definierter und muskulöser aus [18].

Dies ist auch der Grund weshalb ich Low Carb Gerichte mit in dieses Kochbuch habe einfließen lassen. Denn selbst wenn ich mich am Ende des Tages kohlenhydratlastig ernähre, esse ich immer wieder vereinzelt Low Carb Mahlzeiten über den Tag verteilt.

Nicht jede Mahlzeit muss Kohlenhydrate haben, keines Wegs - nur solltest du versuchen mit jeder Mahlzeit Eiweiß zu dir zunehmen und am Ende des Tage den Großteil deiner Kalorien über die Kohlenhydrate aufgenommen haben.

Kohlenhydrate machen dick

Der ganze Low Carb "Hype" ist eigentlich durch das Hormon Insulin entstanden. Insulin ist ein lebenswichtiges Hormon und eine der Hauptaufgaben des Insulins besteht darin, den Körper auf Fetteinlagerung umzustellen. Kohlenhydrate (vor allem Zucker und verarbeitete Lebensmittel) lösen im Vergleich zu anderen Makronährstoffen einen hohen Insulinausstoß aus und so könnte man schlussfolgern, dass ein hoher Konsum von vielen Kohlenhydraten in einer ebenfalls hohen Fetteinlagerung endet.

Sobald sich Insulin im Blut befindet werden auch andere fett-abbauende Hormone wie die Wachstumshormone oder das Adrenalin unterdrückt und Tür und Tor stehen offen für den Fettaufbau. So müsste man doch eigentlich nur Lebensmittel meiden, die einen höheren Insulinaustoß zur Folge haben und schon läuft das Abnehmen von ganz alleine - Richtig?

Klingt interessant - ist jedoch ein Mythos ...

Zwar ist es wahr, dass Insulin die Fettzellen dazu veranlasst, Fettsäuren und Glukose zu absorbieren und somit zu expandieren, dies ist jedoch nicht der Grund, warum so viele Menschen mit der Zeit dicker und dicker werden ... übermäßiges Essen ist der Grund dafür.

Schon immer gewesen und so wird es auch immer bleiben.

Um dies zu verstehen müssen wir einfach nur wieder einen Blick auf die Energiebilanz werfen. Der Körper wechselt den ganzen lieben langen Tag zwischen Fettabbau und Fettaufbau - doch am Ende des Tages ist lediglich entscheidend, welcher dieser beiden Prozesse die Oberhand hatte.

- Gibt man dem Körper mehr Energie, als er über den Tag verbraucht hat - wird er einen Teil dieser überschüssigen Energie nutzen um Fett aufzubauen.

- Gibt man dem Körper weniger Energie, als er über den Tag verbraucht hat - dann wird er dieses Defizit tatsächlich mit den eigenen Fettreserven füllen und das resultiert in einer Abnahme des Körperfettes.

Kohlenhydrate sind an sich nichts böses. Sie allein machen weder dick und sind sogar eine große Unterstützung in unser Ernährung als Sportler.

Dies trifft für jede Form der Kohlenhydrate zu. Auch wenn ich dir dringend davon abraten würde Zucker, Süßigkeiten und andere stark verarbeitete Lebensmittel zu konsumieren. Diese habe tatsächliche krankhafte Folgen - müssen jedoch auch nicht der Grund für eine Gewichtszunahme sein (insofern die Energiebilanz nicht im Überschuss ist).

Mit Fasten kann man auf magische Weise abnehmen

Ich bin ein großer Anhänger vom intermittierendem Fasten und kann dies nur jedem ans Herz legen. Es ist ein tolles Werkzeug für mehr Konzentration im Alltag und um seinen Hunger zu kontrollieren. Was es dagegen nicht ist, ist ein Wundermittel zum Abnehmen.

Viele Leute glauben, dass wenn sie nur 16 oder 20 Stunden nichts essen würden, sie auf magische Weise abnehmen könnten. Manche essen sogar deshalb an 2 ganzen Tag innerhalb einer Woche überhaupt gar nichts ...

Man kann das machen - ich habe nichts dagegen einzuwenden ... Jedoch muss auch hier die Energiebilanz stimmen, sonst ist der Aufwand für die Katz. Deutlich wird dies, wenn wir uns die harten Zahlen anschauen.

Stellen wir uns eine Beispielperson vor und nehmen wir weiterhin an, dass der tägliche Energieverbrauch dieser Person bei 2.500 Kalorien liegt. Im Schnitt isst diese Person jedoch intuitiv 3.000 Kalorien am Tag - hat somit zu viel Fett auf den Hüften und möchte dies nun mit der 5:2 Diät ausbessern. Also beschließt diese Person fortan an nur noch 5 Tagen in der Woche zu essen und an 2 ganzen Tagen komplett zu fasten.

An sich ist daran auch nichts auszusetzen und selbst bei einem Fasten von bis zu 24 Stunden braucht man einen Muskelabbau nicht zu fürchten.[19]

Problematisch wird es nur, wenn die Leute dies einfach intuitiv machen und ihre Ernährung nicht beginnen zu tracken (wie das bei den meisten Menschen der Fall ist). Dann passiert häufig folgendes:

Zunächst entsteht durch die jeweils beiden 24h Stunden des Fastens ein zusätzliches Defizit von 5.000 Kalorien. Dabei bleibt es jedoch im echten Leben und in der Praxis häufig nicht ...

So holt sich der Körper nach dem Fasttag nämlich unterbewusst eine ganze Menge der verlorenen Energie zurück und unsere Testperson konsumiert jeweils nach dem Fasttag stolze 4.000 Kalorien. Ein Tag vor dem Fasten wird dann nun auch noch mehr gegessen, quasi als Vorbereitung für die Dürreperiode. So wird in unserem Beispiel vor dem Fasten jeweils 3.500 Kalorien an diesem Tag konsumiert.

Somit kommen wir insgesamt auf eine Energiezufuhr von 18.000 aufgenommenen Kalorien auf die gesamte Woche gesehen (4.000 + 4.000 + 3.500 + 3.500 + 3.000 = 18.000) bei einem Wochenverbrauch von insgesamt nur 17.500 Kalorien. Somit ist unsere Testperson am Ende der Woche immer noch in einem Kalorienüberschuss und Ja ... trotz extremen fasten wird sie zunehmen ...

Und wieder mal: nur die Energiebilanz ist ausschlaggebend für den Erfolg jeglicher Diät.

Dieses Beispiel kann selbstverständlich auch erfolgreich verlaufen - aber immer nur dann, wenn ein Auge auf die Kalorienzufuhr geworfen wird und diese geringer als der Energieverbrauch ist. Jedoch ist dies in der Praxis und im echten Leben selten der Fall. Viele Leute lesen einen Artikel im Internet und eine passende Erfolgsstory zu solch Diäten und denken dann:

Jawoll - das ist so simpel, das kann doch nur funktionieren. Und außerdem stand in dem Artikel, dass ich überhaupt nicht meine Kalorien zählen muss ... Also hey, Ich starte einfach mal (Kalorienzählen und der ganze Quatsch ist mir eh viel zu kompliziert) ...

Dies ist ein weiterer Grund, warum Menschen immer und immer wieder behaupten, "sie hätten doch schon wirklich alles probiert und es würde einfach nichts klappen" ...

Das ist jedoch Unfug ...

Es gibt gute und schlechte Lebensmittel

Ja und Nein.

Was meine ich damit? Auf der einen Seite gibt es keine guten Lebensmittel zum Abnehmen oder zum Muskelaufbau und auf der anderen Seite schon. Lass mich das genauer erklären.

Angenommen du befindest dich in einer Diät, hast Hunger und würdest mich nun fragen, ob du denn noch einen Apfel essen dürftest. Du kannst hier in diesem Beispiel den Apfel auch durch jedes andere Lebensmittel ersetzten. Zum Beispiel Pizza oder Döner (und beobachten was das mit deinem Glaubenssystem machte …).

Doch bleiben wir mal beim Apfel. Gemeinhin wird ein Apfel als gesundes Lebensmittel abgestempelt und so könnte man doch denken, dass ein Apfel schon nicht schaden würde und man trotzdem weiterhin problemlos abnehmen würde. Stimmst du mir in diesem Punkt zu?

Nun - meine Antwort auf die Frage würde immer lauten: Es kommt darauf an.

Es kommt darauf an, ob Du noch genügend Kalorien für den Tag offen hast oder ob dieser eine Apfel dich aus dem Kaloriendefizit herauskatapultieren würde. Es kommt darauf an, wie viele Kohlenhydrate du bereits gegessen hast und ob dieser Apfel nicht die tägliche Menge an Kohlenhydraten sprengen würde …

Für das reine Aussehen und den Erfolg jeglicher Diät spielen nur diese beiden Faktoren die entscheidende Rolle. Und aus diesem Aspekt gibt es keine guten und schlechten Lebensmittel - es gibt nur ein "passt das in meine Makronährstoffverteilung und meine Energiebilanz oder nicht?" - Lebensmittel.

Hier wird es immer eine klare Antwort geben - und zwar Ja oder Nein.

Es spielt herbei auch wirklich überhaupt keine Rolle um welches Lebensmittel es sich handelt. Egal ob Schokolade, Grünkohl, Kohlrabi oder Rinderhack - entweder es ist im Rahmen der Energiebilanz oder es ist es nicht. Punkt. Fertig. Aus.

Und so ist es möglich, dass man sich selbst an Obst und Gemüse dick ist - es spielt überhaupt keine Rolle. Energie ist Energie und es gibt kein Ausweg aus dieser Gesetzmäßigkeit.

Nun ... Dennoch spielt es eine große Rolle was du isst. Ich weiß, jetzt verwirre ich dich.

Folgenden Satz kannst du dir merken: Gut aussehen und Gesund sein ist nicht das Selbe und gehen nicht Hand in Hand. Für das reine Aussehen sind lediglich die Kalorienmenge und die Verteilung der einzelnen Makronährstoffe entscheidend - und ja, so ist es in der Theorie möglich einen Sixpack zu haben und trotzdem jeden Tag eine Pizza zu verdrücken ...

Empfehlenswert ist das jedoch aus zweierlei Gründen trotzdem nicht. Denn es gibt eine dritte Ebene, die wir beachten müssen, um nicht nur gut auszusehen, sondern auch um vital und gesund im Leben zu stehen.

Diese dritte Ebene sind die Mikronährstoffe (Vitamine, Ballaststoffe, Spurenelemente, etc.). Die Mikronährstoffe sind maßgeblich für unsere Gesundheit und unser Energielevel im Alltag zuständig. Verpassen wir es unseren Körper mit genügend Vitaminen und Ballaststoffen zu versorgen, wird dieser träge, krank und stirbt in letzter Instanz.

Aus diesem Grund ist es auch keine clevere Idee sich den ganzen Tag von Pizza und Fast Food zu ernähren - selbst wenn es der Makronährstoffverteilung entsprechen sollte und man einen Sixpack hat.

All diese stark verarbeiteten Lebensmittel haben so gut wie keine Mikronährstoffe mehr und so sind es nicht diese Lebensmittel an sich, die uns krank und kaputt machen, sondern der daraus entstehende Mangel an Vitaminen und co.

Diese vermeintlich ungesunden Lebensmittel haben allesamt noch einen weiteren verdammt großen Nachteil: Sie haben eine extrem hohe Kaloriendichte auf wenig Volumen.

Dies bedeutet nichts anderes, als dass du wenig davon isst und trotzdem unglaublich viele Kalorien zu dir nimmst. Wie zum Beispiel Schokolade. Wenn ich von der reinen Menge an Essen in meinem Magen auch nur im Ansatz das Gefühl von Sättigung habe möchte, dann muss ich schon eine ganze Tafel Schokolade verdrücken - und auch das sind gerade Mal 100g Essen ... mit insgesamt aber stolzen 530 Kalorien.

Nun, wenn ich eine Diät mache esse ich am Tag um die 2.000 Kalorien - so würde eine ganze Tafel Schokolade schon unglaubliche 25% meines täglichen Kalorienmaximums füllen und ich hätte meinen Magen gerade mal mit 100g Essen gefüllt.

Wie blöde muss ich denn sein, um das zu tun?

Für die selbe Menge an Kalorien könnte ich auch unglaubliche 610g Süßkartoffeln essen ... Jetzt meine Frage an dich. Mit welcher Wahl wird meine Diät wohl erträglich und am Ende auch erfolgreich verlaufen? Die Auflösung liegt auf der Hand und so ist auch dieses Beispiel Teil der Antwort, ob es gute und schlechte Lebensmittel gibt.

Doch noch ein weiterer Punkt ist wichtig . Schokolade und stark verarbeitet Lebensmittel haben nicht einfach nur verdammt viele Kalorien auf eine sehr geringe Dichte - es mangelt ihnen häufig auch komplett an jeglichen Mikronährstoffen, was wiederum besonders in der Diät zu einem großen Problem wird. Denn während einer Diätphase werden wir so oder so weniger essen - und somit steigen die Chancen, dass es zu Defiziten auf der Ebene der Mikronährstoffen kommt. Dies führt wiederum zum Kraft- und Motivationsverlust und wir finden uns schnell in Teufel's Küche wieder und schmeiße die Diät wieder mal über Bord.

Die Lösung für dieses Dilemma ist verhältnismäßig einfach und das Zauberwort ist Gemüse. Gemüse ist der wahre König der Lebensmittel und das meiste Gemüse strotzt nur so vor Mikronährstoffen und hat zeitgleich eine niedrige Kaloriendichte mit aber hohem Volumen. Mit genügend Gemüse werden wir satt sein, Kraft und Vitalität im Alltag haben UND trotzdem noch in einem Kaloriendefizit sein.

Deshalb: Iss mehr Gemüse. Es wird dein Leben angenehmer und eine Diät erfolgreicher gestalten - auch wenn es keine "guten" und "schlechten" Lebensmittel gibt.

Wenn du dagegen jeden Tag fleißig dein Gemüse isst, genügend Mikronährstoffe zu dir nimmst und immer noch Platz für mehr Kalorien hast - dann kannst du gerne auch ein Stück Schokolade oder einen leckeren Joghurt in deine Ernährung mit einbauen. Generell würde ich dir empfehlen 80 bis 90% "gesund" zu essen und die restlichen 10% mit wirklichen Leckereien zu füllen - was auch immer dir hier in den Sinn kommen mag ...

Fitness Fibel Kochbuch

Es liegt an deinem Stoffwechsel, dass Du nicht abnehmen kannst

Eine weitere gängige Lüge besteht darin, seinem Stoffwechsel die Schuld am Übergewicht zu geben.

Sicherlich, es gibt ohne Frage Stoffwechselkrankheiten und mit diesen ist auch nicht zu scherzen. Doch dies sind so wenige Menschen unter uns, dass mit der allerhöchsten Wahrscheinlichkeit ausgerechnet du nicht dazu zählst.

Das sind die guten Neuigkeiten.

Darüber hinaus will es einfach nicht in meinen Kopf gehen, wie man durch einen geschädigten Stoffwechsel übergewichtig sein soll. Ich meine, wie soll das denn überhaupt gehen? So gut wie jede Stoffwechselkrankheit äußert sich nämlich eher darin, dass die Betroffenen das Essen nicht mehr vollwertig verwerten können und deshalb komplett abgemagert sind und kein Gramm Fett zunehmen können - obwohl sie es so sehr wollen.

Ich möchte diese Logik anhand eines Autos verdeutlichen. Damit ein Auto fahren kann, muss es Energie in Form von Sprit verbrennen. Also tankt man das Auto auf, es fährt eine Weile und dann muss es wieder aufgetankt werden - damit man wieder weiter und weiter fahren kann. Ganz normal und so funktionieren wir Menschen auch - bloß das unser Treibstoff die Kalorien sind.

Doch noch nie - wirklich niemals in meinem gesamten Leben - habe ich ein Auto gesehen, dass für nur 50 Kilometer aufgetankt wurde aber 200 Kilometer gefahren ist ... und zwar immer wieder und wieder. Und warum habe ich das noch nie gesehen? Weil es nicht funktionieren kann. Ein Auto kann keine Strecke von 200 Kilometern zurücklegen, wenn es nur Energie für 50 Kilometer hat. Es wird nicht passieren.

Das selbe trifft auf uns Menschen zu ... Wie zum Henker soll der Körper Fett aus dem Nichts aufbauen, wenn er angeblich nicht überschüssige Energie von außen zugeführt wird. Korrekt - auch dies wird und kann nicht passieren.

Sowohl der Köper als auch ein Auto sind Energiesysteme. Energiesysteme mit einer Energiebilanz und diese kann nicht umgangen werden.

Das Problem ist bloß, dass Autos nicht lügen können - Menschen aber schon. Vielleicht ist das Wort Lügen zu hart, zumindest aber können Menschen sich über die eigene Energieaufnahme nicht bewusst sein und so vermuten viele Menschen lediglich immer nur, dass sie wenig und weniger essen würden, doch häufig entspricht das nicht der Realität und das Gegenteil ist Fall.

Außerdem ist es kein hilfreicher Glaubenssatz dem eigenen Stoffwechsel die Schuld zu geben und die eigene Verantwortung so einfach abzuschieben. Sein kein Opfer - sondern pack das Leben richtig an und auch du wirst Resultate erzielen. Das verspreche ich dir!

Und selbst wenn der eigene Stoffwechsel tatsächlich "geschädigt" sein sollte und nicht mehr so schnell ist, wie er einmal war und nicht mehr so viel Energie verbraucht wie üblich, ist es relativ simpel den Stoffwechsel wieder anzukurbeln.

Die gängigste Methode ist simpel: Man erhöht die Kalorien-zufuhr wöchentlich um 50 bis 100 Kalorien, so lange bis der tägliche Verbrauch wieder normal funktioniert.

Detox Kuren & Saftkuren sind der Schlüssel zu mehr Gesundheit und leichtem Abnehmen

Ein weiterer Trend, den man überall im Internet zu sehen bekommt: Detox Kuren, Saftkuren und Wasserkuren. Die Idee dahinter ist wieder simpel und eigentlich schon fast wieder einleuchtend.

Durch unsere Ernährung nehmen wir viele schädliche Stoffe zu uns, vielleicht haben wir im Urlaub etwas zu hart Party gemacht und zu viel Alkohol getrunken oder aber wir fühlen uns einfach träge, unwohl und merken auch, dass wir eigentlich zu viel Fett auf den Hüften haben ... Nun gibt es aber Gott sei dank die passende Lösung - Einfach eine zeitlang gar nichts mehr essen und nur noch den ganzen Tag Smoothies trinken. Und außerdem, da ist doch dieses eine Mädchen auf Instagram, die damit erfolgreich abgenommen hat und absolut begeistert ist - das muss doch der Weg zum schnellen Erfolg sein, oder? (Bitte??)

Solche Kuren bestehen häufig aus 2 elementaren Aspekten:

1. Ein sehr großes Kaloriendefizit
2. Nährstoffaufnahme nur in Form von Säften oder Shakes

Den ersten Punkt werde ich gleich noch ausführlich besprechen, weshalb ich mich im wesentlich zunächst auf die entgiftenden Wirkungen fokussieren möchte.
Und die Idee dahinter ist auch in meinen Augen vollkommen gerechtfertigt. Jeden Tag essen, trinken und atmen wir toxische Stoffe in unserem Körper ein.

Nikotin, Teer, Alkohol, Konservierungsmittel, Süßstoffe ... die Liste ist vermutlich endlos. All diese Stoffe vergiften unseren Körper - weshalb er auch regelmäßig "entgiftet" werden muss.

Doch es gibt gute Neuigkeiten! Bahnbrechend um nicht schon zu sagen ...!

Unser Köper besitzt zwei sehr potente Abwehrmechanismen, die uns sehr gut am Leben halten und dafür sorgen, dass wir mit der Zeit nicht komplett vergiften. Dies ist zum einen unsere Leber. Die Leber schafft, speichert und kontrolliert die systemischen Ebenen verschiedener lebensnotwendiger Proteine und Nährstoffe und befreit das Blut von toxischen oder unerwünschten Substanzen [20].

Ist das nicht wunderbar?

Viele Detox Kuren behaupten auch, dass sie auch die Leber reinigen würden (Als wäre sie ein schmutziger Waschlappen oder so ...), dabei speichert die Leber überhaupt keine toxischen Stoffe. Stattdessen wandelt es schädliche Chemikalien in Moleküle um, die über Kanäle wie Schweiß, Urin und Fäkalien aus dem Körper ausgestoßen werden. Hier gibt es also rein gar nichts zu "entgiften". Sicherlich gibt es auch Moleküle, die der Leber helfen einen korrekten Job zu machen - aber die Leber entgiften tun auch diese Moleküle nicht (Beispiele wären Zink, Spirulina und N-acetyl L-cysteine).

Unserer zweiter tapferer Ritter gegen all die Toxine kommt auch gleich im Doppelpack daher und es sind die Nieren. Die Nieren haben eine ähnliche Funktion wie die Leber. Sie entfernen Giftstoffe und Abfallprodukte aus dem Blut, lagern sie aber nicht ab.

Keine Detox Kur der Welt kann unseren menschlichen Köper entgiften - es sind immer nur unsere eigenen Organe.

Tatsache ist auch, dass es absolut keinen Beweis für die Wirkung irgendeiner dieser Kuren gibt, noch irgendeinen plausiblen Grund zu denken, dass Saftkuren und eine extreme Kalorienrestriktion für ein paar Tage helfen würde, Giftstoffe aus unserem Körper zu entfernen.

Es gibt jedoch einen wirklich wirkungsvollen und gesunden Weg seinen Körper zu entgiften. Dieser Weg ist ebenfalls ein Prozess aus zwei Schritten:

1. Nicht rauchen, weniger Alkohol trinken, mehr Schlafen und jegliches Junk & Fast Food so gut es geht vermeiden.

2. Mehr Gemüse essen, seine Mahlzeiten selber zubereiten und viele hochwertige Lebensmittel in seine Ernährung einbauen.

Anstatt sich also vor Hunger zu quälen und sinnlos viel Geld für Saftkuren auszugeben, investieren deine Kraft lieber in gesunde Gewohnheiten, Sport und eine ausgewogene und proteinreiche Ernährung.

Crash-Diäten haben langfristig Erfolg

Zum Schluss die größte aller Lügen: Crash-Diäten. Nicht nur ist es die schlimmste Lüge, es ist zugleich auch der weiterbreiteste Mythos von allen.

In den Köpfen bei dem Großteil der Bevölkerung funktioniert eine Diät doch im Grunde so: fast gar nichts mehr essen und Joggen gehen bis der Arzt kommt. Dies ist auch der Grund, weshalb sich so viele Menschen vor einer Diät fürchten. Sie haben regelrecht Angst vor dieser Zeit, nehmen dann jedoch all ihren Mut zusammen, folgen einem unseriösen Protokoll und scheitern dabei kläglich.

Am Ende manifestiert sich der Glaubenssatz, man selbst könne einfach nicht abnehmen (egal was man versucht) und man fängt an das Wort "Kalorien" regelrecht zu verachten …

(Das ist im Grunde übrigens genau so, als würden wir der Schwerkraft die Schuld an Flugzeugunglücken geben. Sicherlich ist die Schwerkraft indirekt schuld an einem Absturz, aber den Fehler an diesem unumstößlichen Fakt zu suchen ist einfach sinnlos und wird genau nichts zum Besseren verändern. Wie können Kalorien hassen oder lieben - Es spielt keine Rolle. Die Energiebilanz steht über allem. Ganz besonders über den eigenen Gefühlen …)

So empfehlen "Fitness-Gurus", Experten und Bestseller Autoren oftmals immer das Selbe und viel von uns haben es vermutlich in der ein oder anderen Form auch schon so probiert.

Doch fangen wir ganz von vorne an und schauen zunächst, was eine große Restriktion der Kalorienmenge mit unserem Körper anstellt. Wie groß ein großes Kaloriendefizit wirklich ist, hängt dabei natürlich von der jeweilen Person ab. Grundsätzlich kann man jedoch sagen, dass sobald man seinem Körper weniger als 70% des täglichen Energieverbrauches zuführt, es anfängt problematisch zu werden. Je tiefer man von dort aus geht, desto schlimmer wird es.

In der Praxis sieht das dann so aus:

Eine 60 Kg schwere Frau, mit 3 bis 4 Trainingseinheiten in der Woche, verbrennt im Schnitt um die 1.600 Kalorien am Tag. Jegliche Energiezufuhr unter 1.100 Kalorien am Tag werden mit der Zeit zu Problemen führen.

Selbes gilt für einen 80 Kg schweren Mann, dessen Umsatz am Tag bei ungefähr 2.500 Kalorien liegt und dieser weniger als 1.500 Kalorien auf Dauer isst.

In vielen Fällen liegen die meisten Crash-Diäten aber weit unter diesen Zahlen. Ich habe schon Diäten gesehen, bei denen allen ernstes empfohlen wurde, nicht mehr als 500 Kalorien am Tag zu essen … das ist zwar extrem - jedoch leider nicht die Ausnahme. Gängiger bei solchen Diäten ist jedoch eine Kalorienzufuhr von (nur) 30 bis 50% des täglichen Energieverbrauchs und somit immer noch deutlich weniger als die empfohlenen 70%.

Abnehmen wird man auf jeden Fall, jedoch zu einem teuren Preis:

1. Man verliert Muskelmasse [21] und je weniger man isst, desto mehr Muskeln wird man verlieren. Sobald der Körper beginnt Muskulatur abzubauen sinkt der eigene Stoffwechsel und ein Abnehmen wird schwerer und schwerer, die Gesundheit der eigenen Knochen verschlechtert sich und das Krankheitsrisiko steigt [22][23][24].

2. Neben der Muskelmasse verliert man hauptsächlich Wasser [25] - und das geht und kommt schnell wieder. Wenn man seine ersten 3 Kg in der ersten Woche einer Diät verliert, ist dies zu 50 bis 75% nur Wasser … und dieses Wasser wird innerhalb von 2 Tagen mit übermäßigen Essen wieder aufgenommen und das Gewicht ist wieder beim alten Ausgangspunkt.

3. Mit zunehmender Zeit fühlt man sich schlechter und schlechter. Das eigene Energieniveau sinkt, man fühlt sich schwach, ist mental nicht auf der Höhe und kämpft im schlimmsten Fall depressiv gegen den eigenen Heißhunger an [26]. Alles in allem hat man also keine tolle Zeit …

Abnehmen tut man auf jeden Fall- nur nicht im Ansatz so viel Fett, wie man es selbst gerne hätte oder wie einem groß versprochen wird. Ein zu großes Kaloriendefizit ist also auch nicht der Schlüssel zum dauerhaften Abnehmen.

Zum kurzfristigen Abnehmen jedoch schon. Auch ich nutze manchmal ein starkes Kaloriendefizit aus, um mich auf ein Fotoshootings vorzubereiten und schnell noch 1 bis 2 Kg Wasser zu verlieren. Für 5 Tage kann der Körper dieses Defizit wegstecken … aber niemals für 30 Tage oder länger.

Und dies ist der zweite große Fehler der meisten Diäten - sie wollen dieses extreme tief an Kalorien viel zu lange aufrecht erhalten. Das kann mit einer derart niedrigen Kalorienmenge nicht funktionieren und je länger die Diät geht:

* Um so mehr Muskeln verliert man [21]
* Um so gestresster ist der Körper und das Stresshormon Cortisol wird vermehrt ausgestoßen [27]
* Um so langsamer arbeitet die eigene Fettverbrennung [28]
* m so weniger Testosteron produziert unser Körper [29]

Du siehst also eine Crash-Diät ergibt überhaupt gar keinen Sinn. Man verliert Wasser und Muskelmasse, ein Abnehmen wird von Zeit zu Zeit immer schwerer und schwerer, die Laune sinkt, die eigene Hormonproduktion sinkt ab und noch vieles mehr.

Es ist ein echtes Eigentor …

So gestaltest Du deine Ernährung erfolgreich

Nach dem vorherigen Kapitel magst du dich vielleicht fragen, ob es denn überhaupt möglich ist abzunehmen. Ich meine, welche Option bleibt doch noch wirklich übrig ..?

Es fühlt sich ein bisschen wie ein Kansas City Shuffle an.

Jetzt fragst du dich, was zum Henker ein Kansas City Shuffle ist? Ein Kansas City Shuffle bedeutet, dass alle Welt nach rechts guckt, während man selbst nach links geht. Zu viele fokussieren sich auf die Dinge, die im realen Leben keinen Unterschied machen. Sie bringen Zeit, Geld und Energie auf und erzielen dennoch nur minimale Resultate.

Während ich smart links an ihnen vorbei gehe und mich immer wieder und wieder Topform bringe, weiterhin Muskeln aufbaue und all das ohne teure Supplemente, ohne Frustration und ohne Anabolika. Es ist schon fast unfair. Aber genau das ist die Macht des angewandten Wissens und nur deshalb bin ich Fitnessmodel geworden. Auch ich habe keine großartige Genetik, auch ich habe bei Null angefangen und auch ich bin auf die vielen Mythen & Lügen hereingefallen und habe mich jahrelang im Kreis gedreht ...

Das einzige, was mich von den Meisten unterscheidet, ist ein kleiner Wissens- und Zeitvorsprung. Mehr nicht - und das sage ich dir nicht um anzugeben oder zu erzählen wie toll doch Sjard Roscher ist, nein, dass sage ich dir, um dir zu verdeutlichen, dass eine Veränderung möglich ist und dass auch du es schaffen kannst.

Der wahre Weg ist so simpel und ich zeige dir jetzt, wie du deine Ernährung optimal gestalten solltest.

Beginnen müssen wir immer mit der Energiebilanz. Wie ich nun mehrfach betont habe, ist dies der wichtigste Ausgangspunkt für eine erfolgreiche Ernährung und sollte immer der Beginn sein.

Die Formel:

Grundumsatz x PAL-Wert = Gesamtenergiebedarf

Grundumsatz berechnen:

Männer: 1,0 kcal x Kg Körpergewicht x Stunde
Frauen: 0,9 kcal x Kg Körpergewicht x Stunde

PAL-Wert bestimmen:

PAL-Gesamt = PAL-Arbeit + PAL-Freizeit + PAL-Schlaf + PAL-Sport

Belastung	PAL-Wert
SCHLAF	0,95
AUSSCHLIESSLICH SITZENDE/LIEGENDE LEBENSWEISE (SCHREIBTISCHARBEIT, ALTER)	1,2
AUSSCHLIESSLICH SITZENDE TÄTIGKEIT & WENIG KÖRPERLICHE AKTIVITÄT	1,4 - 1,5
SITZENDE TÄTIGKEIT, ZUSÄTZLICHER ENERGIEAUFWAND FÜR KURZE STEHENDE TÄTIGKEITEN (KRAFTFAHRER, FLIESSBANDARBEITER)	1,6 - 1,7
ÜBERWIEGEND STEHENDE/GEHENDE TÄTIGKEITEN (HAUSARBEIT, VERKÄUFER, HANDWERKER)	1,8 - 1,9
KÖRPERLICH ANSTRENGENDE BERUFLICHE ARBEIT (BAUARBEITER, LEISTUNGSSPORT, LANDWIRTSCHAFT)	2,0 - 2,4

PAL-Arbeit	=	PAL-Wert x Stundenzahl
PAL-Freizeit	=	PAL-Wert x Stundenzahl
PAL-Schlaf	=	PAL-Wert x Stundenzahl
PAL-Sport	=	PAL-Wert x Stundenzahl

Dies sind also die PAL-Werte, mit denen wir nun den Kalorienbedarf so genau wie möglich bestimmen können.

Ich möchte dir nun zwei Beispiele aus meinem eigenen Leben auflisten, anhand derer du erkennen kannst, wie gravierend der eigene tägliche Umsatz sein kann, sobald man unterschiedliche Tätigkeiten und Aufgaben hat.damit will ich verdeutlichen, dass man keine generelle Aussage üben den Kalorienbedarf treffen kann, sondern dass man wirklich diese kleine Extrameile gehen muss für optimale Resultate.

Beispiel 1:

Arbeitstag in meinem Home-Office. An diesen Tagen habe ich einen sehr geringen Verbrauch. Ich laufe nicht viel, verbringe den Großteil des Tages am Rechner und trainiere circa 2 Stunden. Dazu kommt ein 30-minütiger Spaziergang an solch einem Tag. Wirklich nicht viel also. Schauen wir uns also meine PAL-Werte für den Tag an.

Grundumsatz:
1,0 Kcal x 80 Kg x 24 Stunden
80 Kcal x 24 = 1.920 Kcal

PAL-Wert:

10 Stunden Arbeit	x 1,4 (sitzende Tätigkeit)	= **14**
4 Stunden Freizeit	x 1,2 (liegende Tätigkeit)	= **4,8**
8 Stunden Schlaf	x 0,95	= **7,6**
2 Stunden Sport	x 2,0	= **4**

(Arbeit + Freizeit + Schlaf + Sport) : 24 = PAL (gesamt)
(14 + 4,8 + 7,6 + 4) : 24 = PAL (gesamt)
30,4 : 24 = 1,266

>>Grundumsatz x PAL-Wert:

1.920 Kcal x 1,2666 = 2.431 Kcal

Beispiel 2:

Im zweiten Beispiel nehmen wir einen Tag, an dem ich für einen Online-Shop Bilder aufnehme. Das ist ein ganz normaler 8-Stunden Arbeitstag inklusive Hinfahrt etc. und einem 2 stündigen Workout am Ende des Tages.

Dieses Beispiel ähnelt dem Tagesablauf zum Beispiel eines Verkäufers stark, da ich viel stehend und laufend arbeite. Hinzu kommt die Fahrt mit den öffentlichen Verkehrsmitteln und dass ich generell mehr gehe.

Grundumsatz:
1,0 Kcal x 80 Kg x 24 Stunden
80 Kcal x 24 = 1.920 Kcal

PAL-Wert:

8 Stunden Arbeit	x 1,9 (stehende Tätigkeit)	= **15,2**
6 Stunden Freizeit	x 1,6 (gehende Tätigkeit)	= **9,6**
8 Stunden Schlaf	x 0,95	= **7,6**
2 Stunden Sport	x 2,0	= **4**

(Arbeit + Freizeit + Schlaf + Sport) : 24 = PAL (gesamt)
(15,2 + 9,6 + 7,6 + 4) : 24 = PAL (gesamt)
 36,4 : 24 = 1,5166

>>Grundumsatz x PAL-Wert:

1.920 Kcal x 1,5166 = 2.911 Kcal

Dies sind nun zwei Beispiele aus meinem persönlichen Leben. Jeder Alltag eines Menschen ist individuell - und deshalb gibt es auch solch schöne Formeln.
Gerne kannst du auch meinen Kalorienrechner auf meiner Seite nutzen:
https://sjardfitness.de/kalorienrechner/

Aber:
Keine Formel der Welt wird zu 100% genau sein, doch diese kommt sehr nah an den tatsächlichen Verbrauch heran. Am Ende der Formel befindet sich eine Variable und diese ist von Person zu Person unterschiedlich und hängt davon ab, wie aktiv man im Alltag ist und anderen Faktoren.

Der tatsächliche Verbrauch wird außerdem noch von der eigenen Muskelmasse beeinflusst, wie der Stoffwechsel und der eigene Hormonhaushalt arbeitet, wie die Resoptionsfähigkeit des Darms ist und der eigenen Thermogenese.

Ein Mensch mit geringem Fettanteil und mehr Muskeln verbraucht zum Beispiel wesentlich mehr Energie, als jemand der auf dem Papier die selben Werte hat, aber wesentlich weniger Muskeln besitzt. Denn 1 Kg Muskeln verbrennen circa 15 Kcal am Tag, während 1 Kg Fett nur 3 Kcal am Tag verbrennen ...

Dennoch gilt:
Auch wenn keine Formel der Welt zu 100% genau sein wird, sollte dieser Fakt dich nicht entmutigen. Ich und viele meiner Klienten erzielen Top Resultate mit der Formeln und genau so wird es dir auch gehen.

Im Laufe der Zeit entwickelst du ein Gefühl für die Kalorien und wie viel Energie dein Körper wirklich braucht.

Jetzt haben wir den groben Verbrauch von Kalorien am Tag und wir müssen diese Kalorienmenge mit der jeweils richtigen Makronährstoffverteilung ausfüllen. Ich möchte hier nicht zu genau auf die einzelnen Formeln eingehen, weil ich dieses Thema bereits in voller Länge in meinem Buch die Fitness Fibel 2.0 - Der wahre Weg zum Traumkörper und ausführlich geschildert habe.

Ein sehr guter Start ist jedoch folgende Faustregel:

• 2g Eiweiß je Kilogramm Körpergewicht
• 3g Kohlenhydrate je Kilogramm Körpergewicht
• 0,5g Fett je Kilogramm Körpergewicht + 5g Fett mehr

Für einen 80 Kg schweren Mann würde dann die einzelne Verteilung der Makronährstoffe so aussehen:

• 160g Eiweiß jeden Tag
• 240g Kohlenhydrate jeden Tag
• 45g Fett jeden Tag

Mit dieser Verteilung kommen wir auf circa 2.000 Kalorien und werden uns absolut in Shape bringen können, sprich unsere Muskeln zu stärken und definieren und gleichzeitig Fett zu verlieren. Der Grund dafür ist simpel. Für die meisten Menschen ist diese Verteilung ein geringes Kaloriendefizit und ist gleichzusetzen mit einem Fettabbau. Denn denke immer daran: Nur die Menge an Kalorien ist Schlussendlich dafür entschieden, ob man zu oder abnimmt.

Um Fett zu verlieren müssen wir uns immer für einen längeren Zeitraum in einem Kaloriendefizit befinden. Essen wir zu viele Kalorien - egal von welchem Lebensmittel - wird ein Abnehmen unmöglich sein und unser Körper sieht keinen Grund, seine eigenen Fettreserven aufzubrauchen.

Um dagegen neue Muskelmasse aufzubauen müssen wir uns in einem Kalorienüberschuss befinden, sprich unseren Körper mehr Energie zuführen, als er eigentlich benötigt. In Kombination mit dem richtigen Krafttraining wird der Körper die zusätzliche Energie nutzen und die vorhandenen Muskelzellen stärken und vergrößern.

Aus meiner Praxiserfahrung weiß ich, dass besonders hier die meisten Fragen entstehen und auch hier möchte ich auf meine Fitness Fibel 2.0 für ausführlichere Antworten verweisen, dennoch gilt es die Sache nicht komplizierter zu machen, als sie eigentlich ist.

Auch wenn meine oben vorgeschlagene Verteilung per Definition nicht optimal geeignet für "Muskelaufbau" ist (da kein Kalorienüberschuss), ist sie dennoch bestens dafür geeignet langfristig einen fantastischen Körper aufzubauen. Der Grund dafür ist recht simpel. Der Großteil aller Sportler hat noch nie seine Ernährung wirklich optimiert und für mindestens 90 Tage nach Plan gegessen …

Dies hat zur Folge, dass der Körper viel besser auf die Ernährung reagiert und selbst im Defizit neue Muskulatur bereitstellen kann. So habe ich es schon oft erlebt, dass meine Coaching-Kunden selbst nach über 4 Jahren vermeintlicher Trainingserfahrung in einem Kaloriendefizit von Woche zu Woche stärken wurden, Muskeln aufbauten und trotzdem massiv an Fett verloren.

Das Geheimnis dahinter ist einfach der richtige Trainingsplan und eine wirklich optimierte Ernährung - und besonders den letzten Punkt setzen die wenigsten Sportler jemals in Karriere in voller Konsequenz um.

Fall du jedoch aktiv mehr essen möchtest und deinen Körper mehr Energie bereitstellen möchtest, dann solltest du Stück für Stück die Kalorienzufuhr erhöhen, solange bis du mit deinem Fortschritt zufrieden bist. Hierfür arbeitest du dich in Etappen nach oben - denn mehr ist nicht immer besser. So kannst du alle 10 Tage die Energiezufuhr in zwei Schritten erhöhen. Du erhöhst die Kohlenhydratmenge um 20g und die Fettzufuhr um 5g. Dies sind 165 Kalorien mehr pro Etappe und du solltest deine Zufuhr so lange erhöhen, bis du maximal 1 bis 2 Kilogramm pro Monat zunimmst.

Möchtest du dagegen dich noch mehr auf die Fettverbrennung fokussieren, dann kannst du hier nur noch an den Kohlenhydraten etwas ändern, denn weniger Fett solltest du auf keinen Fall essen. So kannst du ebenfalls alle 10 Tage die Kohlenhydrate um 30g verringern, so lange bis du circa 300g Körpergewicht pro Woche verlierst - damit bist du langfristig auf dem richtigen Weg.

Natürlich ist es besonders in der Diätphase wichtig, dass du deine Kalorien mit hochwertigen Lebensmittel füllst und nicht mir Junk Food oder Fast Food. Gummibärchen, Schokolade, Limonaden, Chips, Brötchen, Pasta, Pizza und co. werden dich nicht nur träge aussehen, sondern auch fühlen lassen.
Vollwertige Lebensmittel, Gemüse und gutes Obst dagegen geben dir kraft und bringen dich langfristig ans Ziel.

5 Regeln für eine erfolgreiche Ernährung

Fitness, Muskelaufbau und präziser Fettabbau kann eine Wissenschaft für sich sein und wer wirklich das allerbeste aus sich und seinem Körper holen will, der sollte sich auf jeden Fall tiefer mit der Materie beschäftigen und einarbeiten.

Dennoch muss insbesondere am Start nicht alles zu genau werden und jedes einzelne Gramm Essen buchstäblich auf die Goldwaage gelegt werden - und vor allem wieder und wieder. Deshalb gebe ich dir nun 5 Regeln, wie du eine gute und zielgerichtete Ernährung in deinen Alltag implementierst, ohne jedes Mal den Taschenrechner und die Waage zu zücken.

1) Kenne deine Energiebilanz und deine Makronährstoffverteilung

Ich habe ja eingangs bereits mehr als genug auf diesen Fakt eingehämmert und daran hat sich natürlich noch immer nichts geändert. Es gibt auch keinen Weg herum oder eine Alternative - aus diesem Aspekt also eher schlechte Nachrichten ...

Gute Nachrichten jedoch, da du dich trotzdem nicht jeden einzelnen Tag hinsetzten brauchst und immer wieder alles von neuem ausrechnen musst.

Es reicht wenn du dich für den Beginn einen Nachmittag hinsetzt und alles mal gründlich durch rechnest. Wie lautet dein täglicher Umsatz und mit welcher Menge an Kalorien bist du im Defizit bzw. im Überschuss? Wie sieht die optimale Verteilung von Eiweißen, Fetten und Kohlenhydraten für dich aus und mit welchen Lebensmitteln füllst du deinen idealen Ernährungsplan?

Kennst du all das, dann kannst du tatsächlich einen Gang runter schalten und bist zumindest auf dem Papier wesentlich weiter gekommen, als es 80% aller Sportler jemals sein werden. Dies ist also dein Nordpol der Ernährung.
Jetzt beginnst deine Ernährung mit verschiedenen Gerichten zu füllen, die alle mehr oder weniger diesen Nordpol entsprechen und beginnst danach zu essen.

Im Laufe der Zeit kennst du die einzelnen Mengen, weißt grob die Makronährstoffverteilung und kannst einschätzen, wie viel du noch welchen Lebensmittel essen kannst um nach wie vor auf Kurs zu sein. Sicherlich kommen diese Einschätzungen nicht von Heut auf Morgen - aber sie kommen und du wirst deine Ernährung und was du isst besser verstehen.

Den Rest entscheidet die Waage und der Spiegel. Solange alles besser wird und seine Wege geht bist du richtig unterwegs. Und falls du stagnieren solltest, weißt du auch, an welchen Stellschrauben du drehen musst.

Aus all dem entsteht dann mit der Zeit der "Fitness Lifestyle" und du kommst mit Genuss und stressfrei jeden Tag deiner Traumfigur näher.

2) Mache Krafttraining

Um wirklich die eigene Topform zu erreichen müssen wir Krafttraining machen. Krafttraining hat so unfassbar viele Vorteile, dass diese Vorteile ebenfalls ein ganzes Buch füllen würden.

Wie genau man am besten Muskeln aufbaut, erläutere ich in aller Ausführlichkeit in meinem Buch die Fitness Fibel 2.0. Merken und verstehen solltest du jedoch unbedingt folgendes:

Besonders mit schweren Krafttraining können wir während einer Diät unsere Muskulatur vor dem Abbau schützen und sogar neue fettfreie Muskelmasse aufbaue.[1]

Wenn man dagegen im Kaloriendefizits das Gewicht im Training verringert, öffnet man die Türen für signifikanten Muskelabbau [2]. Die einzige Methode, um zeitgleich gesund abnehmen zu können und seine harterarbeitete Muskelmasse aufrecht zu halten, besteht in schwerem Gewichtstraining.
Auch während des Kaloriendefizites muss man sich auf die progressive Überladung im Training konzentrieren und somit die Proteinsynthese aufrecht erhalten - und so dem Muskelabbau entgegenwirken [3].

Dies bedeutet nichts anderes, als dass wir versuchen müssen von Workout zu Workout immer stärker zu werden. Dies äußert sich entweder darin, dass wir mehr Gewichte bewegen können oder zum Beispiel ein bis zwei Wiederholungen mehr bewältigen können. Außerdem hilft schweres Gewichtstraining besonders um gesund abnehmen zu können. So zeigt auch eine Studie, dass Männer, die schwerer trainieren (im Bereich von 80 bis 85% ihrer Maximalkraft) einen erhöhten Stoffwechsel über ganze drei Tage hatten im Vergleich zu leichterem Training (im Bereich von 45 bis 65% der Maximalkraft) und dabei hunderte Kalorien mehr verbrannten [4].

Nochmal: Hunderte Kalorien mehr.

Wer besonders viele Kalorien während des Trainings verbrennen will, um noch leichter gesund abzunehmen, der sollte sich auf schwere Verbundübungen wie Kniebeugen oder Kreuzheben konzentrieren, da diese nochmals wesentlich mehr Kalorien verbrennen [5].

Krafttraining und die korrekte Ernährung sind der wahre Schlüssel zum Traumkörper. Keine andere Kombination ist so potent wie schweres Eisen, die richtige Menge an Kalorien und viel Eiweiß. Wenn es eine Abkürzung gibt, dann ist es diese.

3) Iss genügend Eiweiß

Eiweiß ist der mit Abstand wichtigste Makronährstoff für uns sportliche und sowohl dafür verantwortlich, wie gut wir Muskeln aufbauen, aber auch während einer Diät halten können. Wenig Eiweiß zu essen ist keinen Leser dieses Buches eine gute Idee.

Die deutsche Gesellschaft für Ernährung empfiehlt eine tägliche Proteinzufuhr von nur 0,8 g/kg Körpergewicht [6]. Doch das ist besonders für Sportler und Athleten viel zu wenig.

Sobald wir regelmäßig Sport machen, trainieren und schwere Gewichte heben, steigt auch der Bedarf an essentiellen Aminosäuren in unserem Körper. Mit jedem Training und jeder Wiederholung verursachen wir Mikrorisse in unserer Muskulatur und diese werden nur mit Proteinen repariert. Doch der Körper repariert diese kleinen Risse nicht nur, er vergrößert und stärk das Muskelgewebe noch zusätzlich, um sich einen nächste mögliche Belastung vorzubereiten. Wenn wir als das Maximum aus unseren Workouts und Trainingseinheiten herausholen wollen, dann brauchen wir genügend Eiweiß.

So ist es natürlich auch kein Wunder, dass Studien bei Athleten herausgefunden haben, dass eine Ernährung mit viel Eiweiß die Leistungsfähigkeit erhöht [7].

Die Frage ist nur, wie viel man denn wirklich braucht. Die generelle Empfehlung im Bodybuilding liegt seit Jahren irgendwo zwischen 1.5 bis 3 g/kg Körpergewicht.

So zeigte auch eine repräsentative Studie, dass Athleten in einem Kaloriendefizit idealerweise um die 2,3 - 3,1 g/kg fettfreier Masse essen sollten für beste Ergebnisse [8]. Aus diesem Grund sind 2 g/kg Körpergewicht auch in meinen Augen ideal. Nicht zu viel und nicht zu wenig - so soll es sein.

Protein bzw. Eiweiß können wir aus zwei Quellen bekommen. Entweder aus unserer Nahrung oder aus Supplementen.

Die besten Proteinquellen aus der unverarbeiteten Nahrung sind dabei hauptsächlich tierische Quellen wie Fleisch, Pute, Hühnchen, Fisch, Eier, Quark und Milch.

Fleisch ist jedoch überhaupt kein muss für eine gute Proteinquelle - auch als Vegetarier kann man sehr gut Muskulatur aufbauen (Ich selbst bin zu 95% der Zeit Vegetarier).

Eiweiß aus Supplementen sind dabei in der Regel Whey Protein oder Casein. Diese beiden Verarbeitungsformen werden aus Molke gewonnen und sind tatsächlich sehr gut und hochwertige Proteinquellen - jedoch sind die ebenfalls kein muss für den Muskelaufbau. Proteinpulver ist lediglich ein Makronährstoff wie jeder andere und stelle des Pulvers, kannst du ebenso beispielsweise mehr Quark essen. Ganz wie du magst …

Wichtig für dich nochmal: Es ist überhaupt kein muss.

4)Wähle gesunde Kohlenhydrate

Eingangs hatten wir bereits besprochen, dass Kohlenhydrate an sich nicht dick machen, sondern dass immer nur die Menge dafür entscheidend ist. Dennoch müssen wir bei der Wahl des richtigen Kohlenhydrats genauer hinschauen - denn Kohlenhydrat ist nicht gleich Kohlenhydrat.

So gibt es nämlich drei unterschiedliche Molekülarten von Kohlenhydraten:

• Kurzkettige (Monosaccharide & Oligosaccharide = Einfachzucker / Mehrfachzucker)

• Langkettige (Polysaccharide = Vielfachzucker)

Auf jede dieser drei verschiedenen Molekülarten reagiert der Körper unterschiedlich, doch alle haben eines gemeinsam: am Ende werden sie alle zu Monosaccharide (Zucker) aufgespalten und von dort aus zu Glukose. Diese Glukose wird dann an Organe wie das Gehirn, den Muskeln und alle anderen geschickt, damit diese Energie haben und ihre Arbeit verrichten können.

Wenn am Ende also alles zu Glukose wird, könnte man doch denken, dass es keine Rolle spielt, ob man nun Schokolade oder eine Paprika isst - das ist jedoch fatal und falsch. Zunächst werden Lebensmittel wie Schokolade und co. wesentlich schneller verstoffwechselt, einfach weil sie bereits zu großen Teilen aus Monosacchariden bestehen und der Körper nicht mehr viel Arbeit damit verbringen muss sie aufzubrechen, wohingegen Lebensmittel aus Oligosacchariden und Polysaccharide länger verarbeitet werden müssen.

Das Ganze hat eigentlich zwei große Probleme und das Folgen davon erlebt man jeden Tag. Es sind Übergewicht und insbesondere Krankheiten wie Diabetes Typ 2.

Immer mehr Menschen leiden an den Folgen verarbeiteter und stark zuckerhaltiger Mahlzeiten. Aktuell sind in Deutschland über 6,7 Millionen Menschen an Diabetes erkrankt und im Schnitt kommen 1.000 neue jeden Tag dazu. Seit der Jahrtausendwende wurde eine Steigerung um 40% gemessen und die Zahl der Betroffenen soll sich nochmals in den nächsten 10 bis 20 Jahren stark verschlechtern [9][10].

Ursachen hierfür sind hauptsächlich Übergewicht und Fettsucht, ausgelöst durch den vermehrten Konsum von "Junk Food", Fast Food und Süßigkeiten und dem Mangel an körperlicher Bewegung.

Damit sind wir beim ersten Problem von Lebensmittel aus Einfachzucker bzw. Monosaccharide. In diese Lebensmittel werden häufig so viele Kalorien gepresst, dass wir überhaupt nicht merken, wie viel "Energie" wir gerade zu uns genommen haben.

Wie zum Beispiel mit Schokolade. 100g Schokolade haben im Schnitt 500 Kalorien, decken in vielen Fällen bereits 25 - 30% des gesamten Tagesbedarfs und wir sind trotzdem nach 30 Minuten wieder hungrig und essen weiter. Besonders gilt dies aber für zuckerhaltige Getränke wie Limonaden, Shakes oder Kaffees wie man sie aus dem Starbucks kennt [11].

Hier kann man gut und gerne 1.000 Kalorien auf einen Schlag trinken und bekommt das nicht mal mit … Dies ist der sichere Weg zu Adipositas und Fettleibigkeit und wer davon nicht die Finger lassen kann, der wird höchstwahrscheinlich nicht erfolgreich abnehmen können. Das erste Problem ist also, dass wir zu schnell zu viele Kalorien aufnehmen, weit über unseren täglichen Bedarf konsumieren und trotzdem immer noch nicht satt sind.

Das zweite Problem ist die Art und Weise, wie unser Körper auf die Aufnahme von Zucker auf hormoneller Ebene reagiert.

Sobald wir Kohlenhydrate zu uns nehmen schüttet der Körper Insulin zur Verarbeitung aus. Je einfacher und kurzkettiger ein Lebensmittel ist desto höher ist dieser Insulinausstoß. Wenn dieser Ausstoß immer sehr hoch ist, kann der Körper sich, vereinfacht gesagt, an dieses Insulin gewöhnen und wird resistent dagegen. Durch die hormonelle Resistenz der einzelnen Zellen gegenüber dem Insulin kann das Insulin nicht einer seiner Hauptaufgaben erfüllen. Es soll nämlich die Zellen dazu anregen, die durch die Nahrung aufgenommen Zucker-moleküle aus dem Blut weiter in andere Zellen zu leiten.

Diese Unfähigkeit in unserem Körper nennt man dann Diabetes Typ 2 und sorgt dafür, dass wir einfach viel zu viel Zucker im Blut haben und dessen Abbau mit extra viel Insulin von außen anstoßen müssen. Und ja - eine über Jahre hohe Aufnahme von Einfachzucker steht im engen Verdacht Herzkrankheiten und Diabetes Typ auszulösen [12].

Unter uns gesagt ist der Fall eindeutig - aber die Wissenschaft will sich nicht zu 100% festlegen … sei's drum. Zu viel Einfachzucker macht also krank und öffnet das Tor für Übergewicht und Fettleibigkeit - und ein hoher Konsum bringt dich deinem Traumkörper sicher niemals näher.

Aber man muss hier noch einige Sätze dazu schreiben, denn die Auswirkungen von Einfachzucker variieren stark zwischen fettleibigen und sportlichen Menschen und besonders die Körper von bereits stark übergewichtigen Menschen können wesentlich schlechter mit Zucker umgehen, als es körperlich aktive Menschen und dünnere Menschen können [13].

Je höher also der eigene Körperfettanteil ist und je inaktiver man ist, desto weniger Einfachzucker sollte man essen und konsumieren. Wenn man dagegen aber viel Sport macht und einen geringen Anteil an Körperfett hat, dann wird einem eine Kugel Eis auch nicht gleich krank und insulinresistent machen.

Aus gesundheitlichen Gründen sollte man trotzdem so wenig Einfachzucker wie möglich essen, weil diese natürlich kaum Mikronährstoffe enthalten und deshalb indirekt Defizite fördern können [14]. All diese Probleme können wir mit der richtigen Wahl umgehen und uns deshalb auch wirklich gesund ernähren.

Meine persönlichen Lieblinge sind viel Süßkartoffeln, Paprika, Kohlrabi, Reis, Brokkoli, Spinat, Grünkohl und diverse Beeren.

All diese Lebensmittel sind nicht nur langkettige Kohlenhydrate, sie aber außerdem noch sehr viele Mikronährstoffe und machen deshalb wesentlich besser satt und liefern mir viel Energie über den Tag verteilt.

Weitere gut Vorschläge findest du in diesem Buch und wenn du viel Gemüse isst, viel Sport machst und einen geringen Körperfettanteil hast - dann kannst du hin und wieder auch gedankenlos ein sündhaftes Cheat Meal genießen, besonders dann, wenn die dies nicht einmal 10% deiner Gesamtmenge an Kalorien auf die Woche gesehen ist.

5) Iss die gute Art Fett

Fette sind der Makronährstoff mit der höchsten Kaloriendichte und gelten bzw. galten deshalb als der Dickmacher schlechthin. Nun, dass ein einzelner Makronährstoff nicht allein für eine Gewichtszunahme verantwortlich ist, dass sollte dir bis hierher hoffentlich klar geworden.

Und so ist es eben auch mit den Fetten. Zwar sollten wir deutlich weniger Fett essen Eiweiße und Kohlenhydraten, aber verzichten können wir auch nicht auf sie. Fette sind essentiell für uns - selbst dann, wenn wir abnehmen wollen. Sie helfen uns dabei den Großteil der aufgenommen Nährstoffe zu verarbeiten und dienen gleichzeitig als eine Art Schutzschild für unsere Zellen, sie regulieren unseren Hormonhaushalt und vieles mehr.

Bei den fetten unterscheidet man hauptsächlich in gesättigte Fettsäuren, ungesättigte Fettsäuren und Transfette.

Alle Fette und deren Unterkategorien sind gut und gasdun für uns - bis auf die Transfette. Transfette sind künstliche Fette und kommen so in der Natur nicht vor und entstehen primär durch diverse Verarbeitungsprozesse. Man findet sie hauptsächlich in Lebensmitteln wie Chips, Muffins, Tiefkühlpizza, Pommes, Burgern und vielen weiteren "billigen Lebensmitteln".

Studien haben dabei gezeigt, dass Transfette Diabetes, Insulinresistenz, Herzerkrankungen, Unfruchtbarkeit bei Frauen und vieles mehr auslösen kann und sollte deshalb so wenig wie möglich konsumiert werden [15].

Lange Zeit galten auch die gesättigten Fettsäure als großes Übel für Herz und Gesundheit, sprich Fette aus Fleisch, Eier, Kokosöl oder Speck. Ein groß angelegte Studie untersuchte 72 weitere Studien und über 1 Millionen Probanden und fand heraus, dass gesättigte Fettsäuren unschädlich sind [16].
Jedoch sollten weniger als 10% der täglichen Kalorien von gesättigten Fetten stammen [17].

Somit bleiben zum Schluss noch die ungesättigten Fettsäuren und diese sollten mindestens die Hälfte der täglich aufgenommenen Fette sein. Gute Fettquellen sind hier Öle, Nüsse, Avocado, Leinöl, Chiasamen, Leinsamen.

Viele gute Rezepte mit ungesättigten Fettsäuren findest du auch gleich auf den folgenden Seiten

So arbeitest Du mit diesem Buch

Bevor wir beginnen noch ein kurzer Hinweis darüber, wie du mit diesem Buch erfolgreich arbeitest. Du wirst auf den folgenden Seiten 101 Gerichte finden, die ich nach Art und Schwerpunkt geordnet habe. Diese Gerichten soll dir als Inspiration dienen und deine Fitnessmahlzeiten flexibel und schmackhaft gestalten.

Die Zutaten und Mengen sind jedoch nicht in Stein gemeißelt. Du kannst mit den Mengen variieren und jedes einzelne Gericht so für dich und deine Makronährstoffverteilung gezielt anpassen. Vielleicht isst du bei einem Gericht nur die Hälfte an Reis und sparst du immens an der Menge der Kohlenhydrate oder aber du verwendest einen fettärmeren Käse und sparst so Fett und der Gesamtkalorienmenge der jeweiligen Mahlzeit.

Ganz wie du magst und wie es deinen Zielen entspricht. Denke also ein wenig mit, habe deine Energiebilanz im Hinterkopf und du kannst mit jedem einzelnen Rezept deine körperlichen Ziele erreichen.

Ich wünsche dir viel Spaß beim Kochen und maximale Erfolge!

Jetzt geht's aber endlich los … :)

SNACKS

„Wir sind verantwortlich für das, was wir tun,
aber auch für das, was wir nicht tun."

- Voltaire

1 Selbstgemachte Eiweißriegel

Dieser Eiweißriegel ist eines meiner Lieblingsrezepte für zwischendurch, vor allem dann, wenn ich mal etwas länger unterwegs bin. Es ist trocken, kann nicht auslaufen, hat viel Eiweiß und komplexe Kohlenhydrate.

Zutaten

200g Haferflocken

500g Magerquark

6 Eier

60g Vanille-Whey

60g gehackte Mandeln

1/2 Teelöffel Stevia

Zubereitung

1. Die Zubereitung ist dabei auch sehr einfach. Alle Zutaten werden zunächst in einen großen Topf gegeben und ordentlich umgerührt. Am besten mit einem Stabmixer.

2. Währenddessen heizt du deinen Ofen schon einmal auf 180°C vor und verteilst dann die gesamte Masse aus dem Topf auf einem Backblech mit Backpapier. Verstreiche die Masse solange, bis sie circa 2cm dick ist.

3. Dann packst du alles für 25 Minuten in den bereits beheizten Ofen und schneidest am Ende die Masse in passende Stücke, so wie du möchtest.
Und fertig ist der leckere Snack für unterwegs.

Nährwerte

Kalorien 2200 kcal

Fett: 92g

Protein: 190g

KH: 153g

 TIPP: Versuche gerne verschiedene Whey-Geschmäcker aus.

2 Gemüsesticks mit körnigen Frischkäse

Die Vitamin- und Eiweiß-Bombe in Einem. Sowohl Kohlrabi als auch Paprika stecken voller wertvoller Mikronährstoffe und liefern uns deshalb extra viel Kraft und Gesundheit. Allein der Kohlrabi deckt unseren Tagesbedarf an Vitamin-C. Zudem liefert der Frischkäse uns außerdem viel wertvolles Eiweiß.

Zutaten

200g Kohlrabi

100g Paprika rot

200g körniger Frischkäse

Zubereitung

1. Die Reihenfolge ist hierbei egal. Nehmt beispielsweise als erstes den Kohlrabi und schneidet ihn in kleine Streifen.

2. Danach die rote Paprika gründlich waschen und auch wie den Kohlrabi in kleine Streifen schneiden.

3. Als nächstes eine kleine Schale nehmen und den körnigen Frischkäse hineingeben.

   Schick anrichten und fertig.

Nährwerte

Kalorien 298 kcal

Fett: 10g

Protein: 29g

KH: 23g

 TIPP: Gerne kannst du den körnigen Frischkäse noch mit etwas Kräuterlingen oder Pfeffer würzen.

3 Lachs-Avocado Platte

Die kalte Lachs-Avocado Platte ist bestens geeignet für die Low Carb Diät, aber auch super für jede High Carb Ernährung als Snack. Sowohl der Lachs, als auch die Avocado steckt voller wertvoller und guter Fettsäuren, wie beispielsweise den entzündungshemmenden Omega-3 Fettsäuren.

Zutaten

100g Lachs

80g Avocado

10ml Leinöl

Zitronensaft

Zubereitung

1. Ein Teller verwenden und den Lachs darauf verteilen.

2. Als nächstes die Avocado in der Mitte teilen und den Kern entfernen. Mit einen kleinen Löffel kann man den Inhalt super auslöffeln und über den Lachs verteilen.

3. Das ganze mit Leinöl und etwas Zitronensaft verfeinern.

Nährwerte

Kalorien
398 kcal

Fett: 30g

Protein: 22g

KH: 10g

 TIPP: Kalt servieren und mit Knoblauch und Salz würzen.

3 MINUTEN

4 Tomate Mozzarella

Du bist auf der Suche nach einer alternativen Eiweiß-Quelle zum Whey Shake und die schon in 3 Minuten servierfertig ist? Dann bist du hier genau richtig!

Zutaten

125g Mozzarella

100g Tomaten

Zubereitung

1. Ganz einfach! Den Mozzarella auf einem Brett in Scheiben schneiden.

2. Danach die Tomaten mit kalten Wasser gut abwaschen und auch wie den Mozzarella Käse in feine Scheiben schneiden.

3. Auf einen kleinen Teller anrichten und mit Salz und Pfeffer nach belieben würzen.

Einfach und gehaltvoll!

Nährwerte

Kalorien
324 kcal

Fett: 24g

Protein: 22g

KH: 5g

 TIPP: Eignet sich auch super für unterwegs.

5 Eiweiß Pfannkuchen

Dieses kleine Rezept ist perfekt für einen romantischen Abend, wenn man sich mal eine Kleinigkeit gönnen möchte. Dass es sich dabei nicht immer um zuckerhaltige Lebensmittel wie Schokolade handeln muss, beweisen diese leckeren Eiweiß Pfannkuchen.

Zutaten	Zubereitung

Zutaten

30g Vanille-Whey

50g Banane

4 Eier

2 TL Kokosöl

20g Kokos-mehl

Zubereitung

1. Die Banane in einer etwas größeren Schale mit einer Gabel zerdrücken.

2. Als nächstes gibst du das Ei dazu und verrührst es mit dem Proteinpulver und dem Kokosmehl. Fertig ist der Teig.

3. Am besten eine beschichtete Pfanne nehmen und das Kokosöl darin erhitzen.

4. Den teig gibst du dann so in die Pfanne, dass er nur eine Hälfte der Pfanne bedeckt, da er sonst beim wenden gerne mal kaputt geht. Nach circa 3 Minuten wendest du ihn und brätst noch die andere Seite.

   Du kannst auch ganz kleine Pfannkuchen machen, dann hast du es beim wänden noch einfacher.

   In der Regel kommen je nach Dicke 5 bis 10 kleine leckere Pfannkuchen oder ein großer dabei heraus.

Nährwerte

Kalorien 728 kcal

Fett: 44g

Protein: 66g

KH: 17g

 TIPP: Zum Anrichten können gerne auch Bananen, Himbeeren oder andere Früchte verwendet werden.

5 - 6 Stunden

6 Bananen Chips

Keine Sorge, die Zubereitung dauert lediglich ein paar Minuten und wird sich lohnen. Den die Bananen Chips kannst du problemlos auf Vorrat machen und diese in den nächsten 2 bis 3 Tagen als Snack essen.

| Zutaten | *Zubereitung* |

6 Bananen

1. Die Bananen schälen und auf einem Brett in 3 bis 4 Millimeter dünne Scheiben schneiden.

Je dünner sie sind, umso schneller trocknen sie.

2. Die Bananenscheiben auf einem mit Backpapier ausgelegten Backblech verteilen.

3. Jetzt kommt das Backblech in einen vorgeheizten Backofen für 5 - 6 Stunden bei 70°C Umluft.

Achtung: Gegebenenfalls entsteht im Backofen zu viel Feuchtigkeit, darum am besten einen Holzstab in der Tür einklemmen, damit die Feuchtigkeit entweichen kann.

Nährwerte

Kalorien
561 kcal

Fett: 1g

Protein: 6g

KH: 132g

 TIPP: Mach dir lieber gleich ein paar mehr, damit es sich auch lohnt.

7 Nussriegel

Der Nussriegel ist der perfekte Snack für unterwegs und voll mit nährhaften Makros. Zudem ist er schnell zubereitet und blitzschnell gebacken.

Zutaten

120g Hafer-flocken

50g Whey-Haselnuss

30g Cashewmus

15g Mandeln gehobelt

30g Honig

15ml Wasser

Zubereitung

1. Zunächst wird der Cashewmus in eine Schale gegeben.

2. Danach wird das Haselnusswhey gemeinsam mit dem Wasser gründlich untergerührt.

3. Als nächstes folgen die gehobelten Mandeln und die Haferflocken. Wieder alles gründlich umrühren.

4. Die gesamte Masse in eine kleine Backform geben und bei 200 Grad Umluft ca. 8 - 10 Minuten backen lassen. Die fertigen Nussriegel abkühlen lassen und in die gewünschte Größe schneiden.

Nährwerte

Kalorien 976 kcal

Fett: 32g

Protein: 64g

KH: 108g

 TIPP: Bei dem Whey-Geschmack sind dir keine Grenzen gesetzt.

15 Minuten

8 Bananen-Himbeer-Mus

Wiedermal ein sehr einfacher Snack, der es aber in sich hat. Ideal zum Frühstück, denn die Haferflocken liefern dir ordentlich Power, um gut in den Tag zu starten.

Zutaten

40g Haferflocken

20g Vanille-Whey

50g TK-Himbeeren

1 Banane

10g gehobelte Mandeln

100ml Mandelmilch

Zubereitung

1. Als erstes die Mandelmilch in einen kleinen Topf geben und langsam aufkochen lassen.

2. In der Zwischenzeit die Banane mit einer Gabel in einer kleinen Schale zerquetschen und danach das Proteinpulver, die Haferflocken und die TK-Himbeeren unterrühren.

3. Sobald die Mandelmilch kocht, die Wärme runterdrehen und die komplette Schale hineingeben. Umrühren nicht vergessen.

4. Nach ein paar Minuten ist der Brei fertig und kann mit den gehobelten Mandeln serviert werden.

Nährwerte

Kalorien 314 kcal

Fett: 10g

Protein: 25g

KH: 31g

 TIPP: Tatsächlich schmeckt es mit viel Zimt, auch noch viel besser.

4 - 5 Stunden

9 Apfel Chips

Ähnlich wie die schon genannten Bananenchips, sind die Apfelchips auch sehr schnell zubereitet, brauchen aber ihre Zeit im Backofen. Die Backzeit wird sind aber lohnen, denn im Gegensatz zu den im Supermarkt erhältlichen Snacks, werden diese hier nicht zusätzlich gesüßt.

Zutaten

2 Äpfel

Zubereitung

1. Die Äpfel schälen und auf einem Brett in 3 bis 4 Millimeter dünne Scheiben schneiden.

   Je dünner du sie schneidest, umso schneller trocknen sie.

2. Die Apfelscheiben auf einem mit Backpapier ausgelegten Backblech verteilen.

3. Jetzt kommt das Backblech in einen vorgeheizten Backofen für 4 - 5 Stunden bei 50 Grad Umluft.

   Achtung: Gegebenenfalls entsteht auch hier im Backofen zu viel Feuchtigkeit, darum am besten wie bei den Bananenchips einen Holzstab in der Tür einklemmen, damit die Feuchtigkeit entweichen kann.

Nährwerte

Kalorien
116 kcal

Fett: 0g

Protein: 0g

KH: 29g

 TIPP: Auch ist es empfehlenswert direkt ein paar Apfelchips mehr zu machen, damit es sich auch lohnt, den Backofen so lange laufen zu lassen.

3 Minuten

10 Cashewmus mit Apfelsticks

Dieser Snack ist wirklich schnell gemacht, aber Achtung, du solltest es hier auf keinen Fall übertreiben, denn der Cashewmus ist nicht wirklich kalorienarm…

Zutaten

Zubereitung

2 Äpfel

20g Cashewmus

1. Gründlich die Äpfel abwaschen, das Kerngehäuse entfernen und die Äpfel in kleine Streifen schneiden.

2. Den Cashewmus auf einen kleinen Teller anrichten und schon ist der Snack fertig.

Nährwerte

Kalorien
233 kcal

Fett: 9g

Protein: 3g

KH: 35g

 TIPP: Als Variation kann man auch beispielsweise Mandelmus nehmen.

11 Käse-Mango-Küchlein

Ich habe super Neuigkeiten für alle die gerade Mitten in der Diät stecken - diesen Kuchen kannst du dir auch gönnen. Die absolute Low Fat Eiweiß Bombe für zwischendurch.

Zutaten

500g Magerquark

30g Vanille-Whey

2 Eiklar

20g Pudding-pulver

1TL Backpulver

120g Mango

Zubereitung

1. Das Eiklar in einer Schale steif schlagen oder mit einem Stabmixer mixen.

2. Als nächstes alle weiteren Zutaten untermengen, bis auf die Mango.

3. Die gesamte Masse in eine Backform geben, aber Achtung, unbedingt die Form mit etwas Kokosöl einfetten, damit du das leckere Käse-Mango-Küchlein auch später noch rausbekommst.

4. Auf dem Teig noch die Mangostücke schön verteilen.

5. Die Backform in dem bei 170°C vorgeheizten Backofen ca. 45 Minuten lang backen lassen. Fertig!

Nährwerte

Kalorien 644 kcal

Fett: 4g

Protein: 93g

KH: 59g

 TIPP: Als Variation kann man auch beispielsweise Mandelmus nehmen.

12 Cookies

Nicht nur voll mit nährstoffreichen Zutaten, sondern auch schnell gemacht und ideal für Unterwegs oder als alternative zu herkömmlichen Keksen und Co. Zudem sättigen dich die Cookies auch noch sehr.

Zutaten

Zubereitung

80g
Haferflocken

25g Vanille-
Whey

40ml
Mandelmilch

20g Honig

30g
Erdnussbutter

1. Alle angegeben Zutaten in eine Schale geben und ordentlich vermengen.

2. Danach aus der Masse einzelne Cookies mit der Hand formen und auf einem Backblech mit Backpapier verteilen.

Es sollten je nach Größe ca. 3 -4 Cookies mit dem Teig möglich sein.

3. Abschließend die frisch geformten Cookies für etwa 10 Minuten bei 180°C Umluft im Ofen backen.

Fertig sind die gesunden Kekse.

Nährwerte

Kalorien
638 kcal

Fett: 22g

Protein: 37g

KH: 73g

TIPP: Auch hier kann gerne wieder etwas mehr zubereitet werden, sodass du für die nächsten Tage deine Snacks sicher hast.

13 Klassischer Magerquark

Welcher Bodybuilder oder Fitnessfanatiker kennt ihn nicht, den klassischen Magerquark in etlichen Variationen?! Und natürlich darf er auch in diesem Fitness Kochbuch nicht fehlen, denn er liefert sooo gut Nährwerte und ist als Snack für zwischendurch einfach perfekt.

Zutaten

250g Magerquark

50g Blaubeeren

10ml Leinöl

Flavour Drops

Zimt

Zubereitung

1. Ganz einfach! Den Magerquark zusammen mit den Blaubeeren in eine Schale geben.

2. Als nächstes das Leinöl dazugeben und verrühren.

3. Zum Abschluss mit ein paar Flavour Drops und Zimt den Geschmack abschmecken und schon ist der klassische Magerquark fertig.

Nährwerte

Kalorien
266 kcal

Fett: 10g

Protein: 30g

KH: 14g

 TIPP: Wenn dir die Variante nicht süß genug ist, verwende zusätzlich Stevia zum süßen.

14 Kleiner Garnelen Salat

Klein aber fein - genau so kann man diesen Salat hier am besten beschreiben. Die Garnelen liefern ordentlich Eiweiß und der Rucola in Kombination mit den Tomaten peppen das Ganze noch auf.

Zutaten

80g Garnelen

60g Rucola

250g Tomaten

Kräutergewürz

Zubereitung

1. Zunächst wird der Rucola gründlich gewaschen und in eine Schale gegeben.

2. Die Tomaten zerkleinern und zum Rucola in die Schale geben.

3. Anschließend den Salat mit etwas Kräutersalz oder andern Gewürzen würzen.

4. Jetzt noch die Garnelen dazu geben und schon kann gegessen werden.

Nährwerte

Kalorien
121 kcal

Fett: 1g

Protein: 17g

KH: 11g

TIPP: Es müssen keine Garnelen sein - Shrimps oder Thunfisch schmecken auch sehr gut.

15 Erdbeermousse

Ich habe super Neuigkeiten für alle die gerade Mitten in der Diät stecken - diesen Kuchen kannst du dir auch gönnen. Die absolute Low Fat Eiweiß Bombe für zwischendurch.

Zutaten

100g Magerquark

100g Erdbeeren

3 Eiweiß

Flavour Drops

Zubereitung

1. Das Eiweiß vom Eigelb trennen und am besten in einer Schale mit einem Mixer steif schlagen.

2. Den Magerquark zum steif geschlagenen Eiweiß hinzugeben und auf geringer Stufe unterheben.

3. Gleichzeitig nach belieben Flavour Drops hinzufügen.

4. Anschließend die abgewaschenen und klein geschnittenen Erdbeeren unterrühren und fertig ist der Snack für zwischendurch.

Nährwerte

Kalorien 144 kcal

Fett: 0g

Protein: 25g

KH: 11g

 TIPP: Damit die Erdbeermousse so richtig schön süß ist, empfiehlt sich hier auch wieder der Einsatz von Stevia.

Das Fitness Kochbuch

SHAKES

„Failure is not an option.
Everyone has to succeed.“

- Arnold Schwarzenegger

8 Minuten

16 Wildbeerenshake

Dieser Shake ist quasi der kleine Bruder des 'Shake der Götter'. Weniger Zutaten, weniger Kalorien und noch schneller zubereitet.

Diese Variante ist bestens geeignet, wenn man nicht mehr allzu viele Kalorien am Tag offen hat oder man aber auf Diät ist. Dennoch ist dieser Shake sehr gut nach jedem Workout geeignet und er hilft auch hier wieder bei der Regeneration der Muskeln.

Der Spinat ist auch hier ebenfalls ein muss, denn wir wollen ja nicht nur fit, sondern wirklich gesund sein. Ich möchte noch einmal betonen: Du wirst ihn wirklich nicht rausschmecken.

Zutaten | Zubereitung

250g TK-Wildbeeren

50g Banane

200g TK-Blattspinat

30g Vanille-Whey

10ml Leinöl

1. Die TK Produkte am besten zu erst in dem Mixer geben und gegebenenfalls ein bisschen Wasser dazu tun, damit der Mixer die Zutaten auch ordentlich zerkleinert bekommt.

2. Danach die Banane und das Whey dazugeben.

3. Damit der Shake auch gut flüßig zum trinken wird, einfach etwas Wasser hinzufügen.

Prost!

Nährwerte

Kalorien 376 kcal

Fett: 12g

Protein: 35g

KH: 32g

 TIPP: Die TK-Wildbeeren können auch durch TK-Himbeeren / Heidelbeeren oder Erdbeeren ausgetauscht werden.

12 Minuten

17 Masseshake

Quantität UND Qualität – dass ist das Motto des Masse-Shakes.

Wer entweder auf massig Kalorien kommen will oder aber den ganzen Tag unterwegs ist und nach einer gehaltvollen Alternative zu McDonalds und Co. ist, ist mit diesem Shake bestens bedient.

Viel hilft viel – besonders, wenn du großen Hunger auf viele Kalorien hast!

Zutaten

250g TK-Erdbeeren

200g TK-Blattspinat

180g Banane

500g Magerquark

150g Haferflocken

20ml Leinöl

30g Vanille-Whey

Zubereitung

1. Es werden alle Zutaten in den Mixer gegeben, aber es wäre ratsam, zuerst die TK Produkte mit dem mixer vorab zu zerkleinern

2. Danach folgen die restlichen Zutaten.

3. Alles gut durchmixen und mit etwas Wasser den Shake auf die gewünschte Konsistenz bringen, damit du ihn gut runterbekommst. Schmecken wird er dir alle Mal.

Nährwerte

Kalorien 1455 kcal

Fett: 35g

Protein: 116g

KH: 169g

TIPP: Bei dem Masseshake kannst du zahlreiche Variationen mit TK-Wilbeeren / Heidelbeeren / Himbeeren / usw. ausprobieren.

18 Grüne Power

Dieser grüne Smoothie hat es wirklich in sich. Er steckt bis zum Rand voll mit Vitaminen, Mineralen und Spurenelementen. Dieser Shake deckt unseren täglichen Bedarf an Vitamin A & C mal ganz locker ab und ebenso einen Großteil der für uns so wichtigen Mineralstoffe.

Dazu kommen die guten Fettsäuren aus der Avocado und dem Leinöl, so dass die vielen Vitamine auch wirklich vom Körper verarbeitet werden können.

Dieser Shake ist besonders empfehlenswert als erste Mahlzeit des Tages. Er enthält keinen einfachen Zucker und nach dem Schlaf und idealerweise einem gefasteten Morgen, sind unsere Zellen besonders sensibel für die Nährstoffaufnahme. Somit können wir diese wirklich wertvollen Inhaltsstoffe bestens absorbieren und unser Gesundheit einen riesigen Gefallen tun.

Zutaten

100g Karotten

250g TK-Blattspinat

250g Grünkohl

80g Avocado

30g Vanille-Whey

Nährwerte

Kalorien
620 kcal

Fett: 36g

Protein: 41g

KH: 33g

Zubereitung

1. Auch hier ist es empfehlenswert zu erst die TK-Zutaten im Mixer etwas vor zu bearbeiten, damit der Mixer dann auch noch die restlichen Produkte vermengen kann.

2. Alles zusammen gut durchmixen und mit Wasser den Shake auf die gewünschte Konsistenz bringen. Am Ende sollte der Shake schon gut flüßig sein.

TIPP: Der TK-Blattspinat kann gerne auch mal gegen normalen TK-Rahmspinat ausgetauscht werden. Zudem kannst du dir den Shake noch mit etwas Stevia versüßen.

15 Minuten

19 Carb Dream

Der Carb Dream Shake ist tatsächlich trotz des relativ geringen Inhalts, ziemlich kalorienreich. Das liegt hauptsächlich an den getrockneten Feigen und Datteln. Dafür aber ist er ziemlich lecker und geht einfach runter. Ideal für Leute die im Aufbau sind, aber mit dem Essen nicht so hinterherkommen.

Zutaten

60g getrocknete Feigen

60g getrocknete Datteln

30g Mandeln

30g Vanille-Whey

300ml Wasser

Zubereitung

1. Das Wasser und alle anderen Zutaten gemeinsam in den Mixer tun. Die Reihenfolge ist dabei egal.

2. Gründlich durchmixen. Wenn dir der Shake noch nicht flüssig genug ist, dann gebe einfach etwas mehr Wasser hinzu.

Nährwerte

Kalorien 634 kcal

Fett: 18g

Protein: 33g

KH: 85g

 TIPP: Wenn du den Geschmack noch intensiver haben möchtest, dann tausche das Wasser mit Mandelmilch aus.

20 Shake der Götter

Ob die Götter im Olymp diesen Shake wirklich getrunken haben sei dahingestellt, aber dieser Name hat sich bei mir und meinen Freunden lustigerweise einfach durchgesetzt. Dieser Shake ist das beste Beispiel für einen guten Post-Workout- Shake.

Einfache und gehaltvolle Kohlenhydrate aus den Früchten, für eine schnelle Versorgung der Muskelzellen. Hochwertiges Eiweiß aus dem Quark und noch ein wenig gute Fette aus dem Leinöl, um die Mikronährstoffe auch wirklich verwehrten zu können. Das ganze ohne Supplements oder unnatürliche Zusatzstoffe.

Zutaten

. . . .

1 Apfel

1 Orange

200g TK-Blattspinat

200g TK-Himbeeren

250g Magerquark

20ml Leinöl

250ml Wasser

. . . .

Nährwerte

Kalorien
560 kcal

Fett: 20g

Protein: 40g

KH: 55g

Außerdem ist dieser Shake wunderbar für dein Immunsystem, da er voller Vitamine und Minerale steckt, vor allem dank des Spinats (den du übrigens nicht schmecken wirst!).

Zubereitung

1. Zuerst die tiefgekühlten Produkte zerkleinern, damit der Mixer anschließend alle weiteren Produkte zusammen mit dem Wasser vermengen kann.

2. Mit der Menge an Wasser kannst du je nach Geschmack variieren. Je weniger du nimmst, desto dickflüssiger wird das Ganze. Das gilt im Übrigen natürlich auch für alle anderen Shakes.

PS: Und schon ist der Shake der Götter fertig.

 TIPP: Mit Stevia oder Flavour Drops kannst du das ganze noch versüßen.

21 Avocado Shake

Dieser erlesene Shake ist nicht nur lecker, sondern steckt auch voller guter Fette aus der Avocado und den Nüssen.

Besonders für Anhänger der Low Carb Diät ist dieses Rezept eine leckere und willkommene Abwechslung nach dem Sport, da es kaum Zucker und einfache Kohlenhydrate enthält. Auch ist der Avocado Shake gut als Frühstück geeignet.

Zutaten

80g Avocado

20g Cashew-nüsse

200g Mandelmilch

30g Vanille-Whey

200ml Wasser

Nährwerte

Kalorien 421 kcal

Fett: 25g

Protein: 29g

KH: 20g

Zubereitung

1. Bei dem Avocado Shake kannst du direkt alle Zutaten in den Mixer tun und alles gemeinsam vermengen.

2. Mit der Menge an Wasser kannst du spielen, je nachdem wie flüßig du den Shake haben möchtest.

Bitte beachte unbedingt unten den Tipp!

 TIPP: Koste den Shake erstmal wenn er fertig ist, bevor du ihn vielleicht mit Stevia oder Flavour Drops zu süß machst.

22 Bananen-Mandel-Shake

Bananen liefern dir nicht nur Kohlenhydrate, um somit ausreichend Energie für den Alltag zu haben, sondern sie haben für eine Frucht auch einen relativ hohen Anteil an Vitamin C (bei weitem nicht so viele wie Paprika ...). Somit stärken sie also auch dein Immunsystem und das ist sehr wichtig!

Zutaten | Zubereitung

300g Banane

400ml Mandelmilch

30g Mandeln

30g Vanille-Whey

ca. 300ml Wasser

1. Für den Bananen-Mandel-Shake tust du alle Zutaten in einen Mixer und vermixt alles zusammen.

2. Damit der Geschmack schön intensiv ist, verwende lieber etwas weniger Wasser, damit der Shake schön cremig ist.

Nährwerte

Kalorien 560 kcal

Fett: 20g

Protein: 40g

KH: 55g

 TIPP: Verwende am besten schon reife Bananen, da sie noch geschmacksintensiver sind.

23 Power Pre

Wenn ich über Eiweiß vor dem Sport rede, dann meine ich damit eigentlich, ob genügend Aminosäuren in deinem Blut zum Muskelschutz und dem Muskelaufbau sind.

So zeigen nämlich auch Untersuchen, dass Protein (insbesondere Whey) vor dem Training den Muskelaufbau unterstützt und für genügend Aminosäure im Blut sorgen für eine ideale Proteinsynthese.

Bei dem Thema Kohlenhydrate gibt es tatsächlich keine zwei Meinungen. Denn eines steht fest: die Kohlenhydratzufuhr vor dem Training ist sinnvoll und hilfreich.

Damit du genug Aminosäuren und Kohlenhydrate beim Sport im Körper hast, hier der Power Pre:

Zutaten

Zubereitung

400ml Reismilch

30g Vanille-Whey

1. Wie du den Power Pre anrichten solltest, erklärte sich vermutlich von selber, aber noch mal ganz kurz.

Vermenge alle beiden Zutaten und trinke ihn 15 bis 30 Minuten vor dem Training.

Fertig ist der Muskelaufbau Shake.

Nährwerte

Kalorien 306 kcal

Fett: 6g

Protein: 24g

KH: 39g

 TIPP: Wenn du Abwechslung brauchst, probiere einfach ein paar Whey-Gechmackssorten durch.

Shake

2 Minuten

24 Post Power

Um deinen Körper optimal mit Nähstoffen zu versorgen, sollte du auch nach dem Training ihn mit ausreichend Eiweiß und Kohlenhydraten füttern.

Eine günstige und ausreichende Methode besteht in der simplen Lösung, einfach eine Banane und ein Proteinshake nach dem Training zu trinken bzw. zu essen.

Übrigens - Die Wahl des Wheys ist am Anfang nicht gerade einfach… Du solltest nach dem Training unbedingt zu einem Whey greifen, was einen besonders hohen Leucin-Anteil hat, da dieser die Proteinsynthese nochmals begünstigt.

Zutaten	*Zubereitung*

1 Banane

400ml Wasser

30g Vanille-Whey

1. Genau wie beim Power Pre Shake (23) muss ich dir hier nichts mehr erklären…

Einfach alles zusammen vermengen und fertig.

Beachte den Tipp unten!

Nährwerte

Kalorien
266 kcal

Fett: 2g

Protein: 26g

KH: 36g

 TIPP: Du kannst die Banane auch direkt essen und musst sie nicht erst in einem Mixer mit den anderen Zutaten vermengen.

6 Minuten

25 Super Shake

Es ist wirklich gar nicht so einfach, immer den richtigen Namen für ein Rezept zu finden und vielleicht fragst du dich ja gerade, warum dieser Shake „Super Shake" heißt?!

Ich habe ihn tatsächlich nur so genannt, weil ich ihn super schmackhaft finde, aber die Nährwerte können sich auch sehen lassen. :)

Zutaten

Zubereitung

2 Banane

300ml Mandelmilch

50g Heidelbeeren

50g Himbeeren

30g Vanille-Whey

1. Im Grunde wie alle anderen Shakes auch. Gründlich in einem Mixer vermengen und gegebenenfalls mit Wasser verdünnen, wenn du es noch etwas flüssiger haben willst.

Nährwerte

Kalorien 418 kcal

Fett: 6g

Protein: 29g

KH: 62g

 TIPP: Versuche ruhig auch mal Hafermilch als Alternative aus.

26 Captain-Cashew-Shake

Mit fast 20 Prozent Eiweißanteil, zählen Cashews zu einer sehr hochwertigen pflanzlichen Proteinquelle. Zudem sind sie äusserst vitalstoffreich und auch noch sehr schmackhaft.

Zutaten

20g Cashewkerne

30g Cashewmus

400ml Wasser

30g Vanille-Whey

Zubereitung

1. Ganz einfach. Alle Zutaten gemeinsam im Mixer mixen und in ein richtiges Captain-Glas geben.

Lass es dir schmecken!

Nährwerte

Kalorien 421 kcal

Fett: 25g

Protein: 33g

KH: 16g

 TIPP: Wenn du den Shake noch geschmacksvoller haben willst, dann verwende Milch anstatt Wasser.

LOW CARB

„Wie Du am Ende deines Lebens wünschest gelebt zu haben,
so kannst du jetzt schon leben.“

- Mark Aurel

22 Minuten

27 Brokkoli Party

Brokkoli ist besonders reich an Mineralstoffen wie Kalium, Calcium, vielen Vitaminen und und und ... Um es auf den Punkt zu bringen, Brokkoli ist wirklich sehr gesund und du solltest es versuchen, ihn regelmäßig in deinem Speiseplan mit zu integrieren.

Zutaten

· · · · · · · · · · · · ·

150g TK-Brokkoli

100g Party-Garnelen

10g gehobelte Mandeln

20g Dressing

Gewürze

· · · · · · · · · · · · ·

Zubereitung

1. Als erstes wird der TK-Brokkoli in einer Pfanne erhitzt.

2. Nachdem der TK-Brokkoli warm bzw. aufgetaut ist, gibst du jetzt die Partygarnelen für etwa 4 bis 5 Minuten dazu.

3. Jetzt alles noch gut würzen in eine und in eine Schale zum servieren geben.

4. Kurz vorm servieren noch die gehobelten Mandeln über machen und etwas Dressing deiner Wahl zu geben.

Nährwerte

Kalorien
237 kcal

Fett: 13g

Protein: 24g

KH: 6g

 TIPP: Als Dressing verwende ich am liebsten Sylter Dressing - sehr schmackhaft.

35 Minuten

28 Chia-Brötchen

Du willst auf Brötchen zum Frühstück nicht verzichten? Dann habe ich hie genau das richtige für dich. Die selbstgemachten Chia-Brötchen sind die perfekte alternative zu den herkömmlichen Brötchen mit weißem Mehl. Und zudem sind Chia-Samen ein echtes Superfood.

Zutaten

0,5 Backpulver

1 EL Chia-Samen

6 EL Flohsamen-schalenpulver

20g Frischkäse

100g Magerquark

2 Eier

30g geriebenen Gouda

Zubereitung

1. Ganz einfach! Alle Zutaten werden in eine Schale gegeben und mit einem Stabmixer gründlich gemixt.

2. Anschließend formst du aus dem Teig mehrere kleine Bällchen. Durchmesser zwischen 5 - 7cm.

3. Die Bällchen packst du dann auf ein Backblech mit Backpapier.

Achtung: Es ist empfehlenswert, dass du das Backpapier etwas einfettest, damit die Brötchen nicht daran haften bleiben.

4. Das Backblech schiebst du jetzt für etwa 20 - 25 Minuten bei 180 Grad Umluft in den Ofen. Am besten noch warm servieren.

Nährwerte

Kalorien 443 kcal

Fett: 27g

Protein: 40g

KH: 10g

 TIPP: Um den Proteinanteil im Brötchen zu erhöhen, kannst du gerne noch etwas Proteinpulver zusätzlich in den Teig geben.

35 Minuten

29 Knackige Blumenkohlpfanne

Ja, der knackige Blumenkohl ist wirklich sehr knackig und wer ihn nicht so knackig haben möchte, der sollte unbedingt unten meinen Tipp beachten.

Zutaten

150g Blumenkohl

2 Eier

400g Zucchini

Gewürze

Zubereitung

1. Wir vierteln zu erst die gut gewaschene Zucchini und geben sie in eine beschichtete Bratpfanne.

2. Anschließend trennen wir den Blumenkohl von seinem Strunk, waschen ihn und schneiden ihn in kleine Stücke.

3. Anschließend trennen wir den Blumenkohl von seinen Blättern, waschen ihn und schneiden ihn in kleine Stücke.

4. Der Blumenkohl kommt jetzt zu der Zucchini in die Pfanne. Die Herdplatte kannst du jetzt ruhig sehr hoch stellen, damit alles zügig durch zieht.

5. Nach ca. 15 Minuten gibst du noch die Eier dazu und lässt alles noch etwas weiter brutzeln.

Zwischendurch das Würzen nicht vergessen - Fertig!

Nährwerte

Kalorien 284 kcal

Fett: 16g

Protein: 24g

KH: 11g

 TIPP: Wer den Blumenkohl nicht ganz so knackig haben will, kann ihn auch vorher in einem Topf kochen, bis er weich ist oder die Pfanne mit einem Deckel abdecken.

30 Thunfisch Häufchen

Nicht nur High Carb ist lecker, sondern Low Carb auch. Und auch wenn der Name vielleicht so verlockend klingt, ist das Thunfisch Häufchen echt sehr sehr lecker und liefert zudem jede Menge gute Proteine.

Zutaten

140g Thunfisch

2 Eier

50g Frischkäse 4%

50g geriebener Gouda

1 kleine Zwiebel

Zubereitung

1. Den Frischkäse zusammen mit dem Thunfisch und den Eiern in eine Schale geben.

2. Alles gemeinsam gut vermengen und anschließend die kleine Zwiebel dazugeben.

3. Nachdem du noch mal alles ordentlich verrührt hast, gibst du die gesamte Masse in eine kleine Auflaufform.

4. Den geriebenen Gouda on top über die gesamte Fläche verteilen.

5. Jetzt kommt die Auflaufform für ca. 15 Minuten bei 160°C Umluft in den Backofen.

Abkühlen und schmecken lassen.

Nährwerte

Kalorien
765 kcal

Fett: 53g

Protein: 66g

KH: 6g

31 Zoodles mit Rind

Besorge dir auf jeden Fall einen Spiralschneider! Natürlich kannst du die Zucchini auch so essen, aber sie zu Zoodles zu verarbeiten und zu essen, ist noch mal ein ganz anderes Geschmackserlebnis. Und in Kombination mit dem Rinderhack echt unschlagbar.

Zutaten

250g Rinder-hackfleisch

250g Zucchini

1EL Tomatenmark

1 Zwiebel

1 Knoblauch-zehe

30g Rucola

Zubereitung

1. Knoblauch und Zwiebele schälen, schneiden und beides in einem Topf vorbrutzeln.

2. Nach ca. 5 Minuten das Rinderhack dazugeben und alles gemeinsam weiter brutzeln lassen. regelmässig umrühren nicht vergessen.

3. Sobald das Hack komplett braun ist, gibst du die Tomaten + den Tomatenmark dazu und vermengst alles.

4. Damit sich etwas Flüssigkeit bildet, deckst du den Topf mit einem Deckel ab und lässt alles ein paar Minuten ziehen.

5. In der Zwischenzeit verarbeitest du die Zucchini mit einem Spiralschneider zu Spaghetti und gibst diese in eine Bratpfanne. Wenn du keinen Spiralschneider hast, kannst du die Zucchini natürlich auch vierteln.

6. Sobald die Zucchini weich ist, kannst du alles gemeinsam zum servieren auf einen Teller geben.

Nährwerte

Kalorien
596 kcal

Fett: 36g

Protein: 52g

KH: 16g

 TIPP: Als Alternative zum Rucola kannst du beispielsweise auch Feldsalat nehmen.

32 Thunfisch Bulette

Die Thunfisch Bulette ist eine Alternative zu den herkömmlich Fleischklößchen oder Frikadellen und liefert dir zudem jede Menge gute Proteine. Des Weiteren ist sie super schnell zubereitet.

Zutaten

125g Thunfisch

1 Ei

0,5 Toast

15g Zwiebel

10g Sonnen-blumenkerne

30g Rucola

10g Dressing

Zubereitung

1. Damit du möglichst wenig Flüssigkeit hast, den Thunfisch kräftig ausdrücken und in eine Schale geben.

2. Zusammen mit dem Ei, den Zwiebeln und dem Toast die gesamte Masse gut durchkneten und zu einer Bulette formen.

3. Die geformte Bulette kommt jetzt in eine beschichtete Bratpfanne und wird ca. 2 - 3 Minuten bei mittlerer Stufe auf jeder Seite gebraten.

4. Zum anrichten den Rucola auf einem Teller platzieren und die Bulette darauf legen. Jetzt noch etwas Dressing verwenden und die Sonnenblumenkerne als Topig nutzen.

Nährwerte

Kalorien
361 kcal

Fett: 17g

Protein: 39g

KH: 13g

TIPP: Als Dressing nehme ich an der Stelle ein Klecks Sylter Dressing.

33 Quinoa-Hähnchen

Hier haben wir ein weiteres Superfood, nämlich das Quinoa! Es enthält mega viele Nährstoffe, wie zum Beispiel Vitamine, sekundäre Pflanzenstoffe, Mineralstoffe, Antioxidantien und vieles mehr. Probiere es unbedingt mal aus!

Zutaten

200g Hähnchen- schnitzel

1 Zwiebel

50g Cherry- tomaten

30g gepufftes Quinoa

Zubereitung

1. Das Hähnchenschnitzel bei kaltem Wasser abwaschen und in eine beschichtete Pfanne geben.

2. Parallel dazu, das Quinoa mit etwas Wasser (ca. 100ml) in einen Topf aufkochen lassen.

3. In der Zeit, wo das Quinoa aufkocht, die Zwiebeln und die Cherrytomaten schneiden und die Pfanne dazugeben.

4. Sobald der Quinoa fertig ist, diesen ebenfalls in die Pfanne machen und alles gründlich würzen

5. Noch 2 - 3 Minuten ziehen lassen und dann kann serviert werden.

Nährwerte

Kalorien 366 kcal

Fett: 10g

Protein: 49g

KH: 20g

 TIPP: Nicht nur Hähnchenschnitzel schmeckt dazu, sondern auch beispielsweise Pute.

20 Minuten

34 Rinder-Eiweiß-Hack

Achtung: Einfache und schnell gemachte Low Carb Proteinbombe!

Zutaten | *Zubereitung*

250g Rinderhack

1 Ei

20g Tomaten

20g Rucola

20g Feldsalat

20g Zwiebel

2 Scheiben Eiweißbrot

20g Sylter Dressing

1. Du vermengst das Rinderhack zusammen mit den Zwiebeln und dem Ei und formst daraus Buletten.

2. Anschließend gibst du etwas Kokosöl in eine Bratpfanne und erhitzt es.

3. Sobald das Öl erhitzt ist, gibst du die Buletten in die Pfanne.

4. Von beiden Seiten gut anbraten.

5. Das Eiweißbrot und den Salat auf einen Teller bereitlegen.

6. Zum servieren die Buletten auf dem Salat betten und mit dem Dressing und den Tomaten verzieren.

Guten Appetit!

Nährwerte

Kalorien
717 kcal

Fett: 41g

Protein: 69g

KH: 18g

 TIPP: Es muss nicht unbedingt Rinderhack sein - Putenhack macht sich auch gut dafür.

35 Zucchini-Auflauf

In der Woche mache ich mir persönlich eher seltener einen Auflauf, da ich oft unterwegs bin auf Shootings und da greife ich lieber zu einer praktischeren Mahlzeit. Jedoch gönn ich mir gerne mal einen Auflauf am Wochenende.

Zutaten

500g Zucchini

80g geriebener Edamer

250g Magerquark

10g Cashewkerne

1 Ei

Gewürze

Nährwerte

Kalorien 632 kcal

Fett: 28g

Protein: 69g

KH: 26g

Zubereitung

1. Starte am besten damit, dass du die eine Hälfte der Zucchini in ca. 8cm lange Streifen schneidest und die erste Schicht in eine Auflaufform legst (es kommen zwei Schichten Zucchini).

2. Wenn die erste Schicht voll ist mit Zucchini, nimmst du dir eine Schale und vermengst den Quark mit dem Ei und der Hälfte vom Käse. Nach belieben würzen.

3. Jetzt nimmst du die Masse und streifst sie über die erste Schicht der Zucchini.

4. Als nächstes schneidest du die andere Hälfte der Zucchini in Scheiben und verteilst diese in der Auflaufform.

5. On top noch die Cashewkerne und die andere Hälfte vom Käse verteilen.

6. Die Auflaufform für etwa 35 Minuten bei 160°C Umluft in den Backofen stellen. Fertig

 TIPP: Je nachdem wie deine Auflaufform beschichtet ist, sollte du sie gegebenenfalls mit etwas Kokosöl einfetten.

32 Minuten

36 Mozzarella Hähnchen Auflauf

Und noch ein Auflauf, den ich mir gerne mal am Wochenende gönne! Der Mozzarella Hähnchen Auflauf liefert gut viel Eiweiß, hat so gut wie keine Kohlenhydrate und für einen Auflauf eher wenige Kalorien.

Zutaten

150g Hähnchen-brust

120g Mozzarella

2EL passierte Tomaten

30g Speckwürfel

Gewürze

Zubereitung

1. Zuerst wird die Hähnchenbrust in kleine Stücke geschnitten und in eine Auflaufform gegeben.

2. Es folgt der Mozzarella, der in kleine Würfel geschnitten wird und zur Hähnchenbrust in die Form gegeben wird.

3. Jetzt kommen noch die Speckwürfel in die Auflaufform.

4. Die passierten Tomaten über die gesamte Auflaufform verteilen und anschließend würzen.

5. Jetzt kommt alles beim 180 Grad Umluft für etwa 20 Minuten in den Backofen.

   Abkühlen lassen und servieren.

Nährwerte

Kalorien 715 kcal

Fett: 43g

Protein: 76g

KH: 6g

 TIPP: Je nachdem wie deine Auflaufform beschichtet ist, solltest du sie auch in diesem Fall eventuell mit etwas Kokosöl einfetten.

27 Minuten

37 Spinat Pfanne

Wer Popeye den Matrosen noch aus der Kindheit kennt, der sollte wissen, das Spinat dich gesund und vor allem stark macht. So ist es tatsächlich, denn in dem Lebensmittel stecken neben Magnesium und Zink viele lebensnotwendige Vitamine.

Zutaten

....

250g TK-Blattspinat

1 Zwiebel

3 Eiklar

50g Cherrytomate

Zubereitung

1. Den TK-Spinat in der Bratpfanne geben und bei mittlerer Hitze erwärmen.

2. In der Zwischenzeit die Zwiebeln schälen, schneiden und in eine kleine Schale geben.

3. Anschließend die Cherrytomaten vierteln und gemeinsam mit dem Eiklar (also Eigelb vom Eiweiß trennen) in der kleinen Schale vermengen. Würzen nicht vergessen.

4. Sobald der Spinat komplett aufgetaut ist, die gesamte Masse in die Pfanne dazugeben und gut verrühren.

Nach etwa 4 -5 Minuten sollte alles gut durchgezogen sein und kann serviert werden.

....

Nährwerte

Kalorien
162 kcal

Fett: 2g

Protein: 18g

KH: 18g

TIPP: In letzter Zeit mache ich mir zusätzlich zu der Pfanne immer noch 2 rote Paprikas dazu.

27 Minuten

38 Feta Hähnchen

Mmmh Fetakäse! Fetakäse ist eine echte Delikatesse - eingelegt nach griechischer Art in Salzlake und in Kombi mit der Hähnchenbrust ein echter Gaumenschmaus. Super leicht zubereitet - unbedingt probieren!

Zutaten

. . . .

300g
Hähnchen

200g
Fetakäse

200g Cherry-
tomaten

Gewürze

Zubereitung

1. Beginne damit, dass du den Fetakäse in keine Stückchen schneidest und in die Auflaufform legst.

2. Es folgen die Cherrytomaten. Einfach halbieren und zum Fetakäse dazugeben.

3. Der Käse und die Tomaten dienen in dem Fall als Fundament. Jetzt legst du die Hähnchenbrust einfach direkt oben drauf.

4. Ordentlich würzen und ab in den Backofen damit für etwa 25 Minuten bei 180°C Umluft.

. . . .

Nährwerte

Kalorien
925 kcal

Fett: 53g

Protein: 104g

KH: 8g

TIPP: Anstelle der Hähnchenbrust kannst du zum Beispiel auch mal Pute nehmen, falls du mal Abwechslung haben willst.

15 Minuten

39 Tofu Teller

Wer es tatsächlich komplett Vegan möchte, der kann beim Tofu Teller ruhig mal die Hähnchenbrust weglassen und dafür noch etwas mehr Tofu dazu nehmen.

Zutaten

200g Hähnchen-brustfilet

100g Tofu

20g Champignons

1EL Sojasoße

100g Paprika

100g Feldsalat

Zubereitung

1. Das Hähnchenbrustfilet mit kalten Wasser abspülen, schneiden und in eine beschichtete Pfanne geben.

2. Anschließend den Tofu zerkleinern und in die Pfanne geben.

3. Als nächstes folgen die Paprika und die Champignons. Klein schneiden und ab in die Pfanne.

4. Würzen und dabei immer mal umrühren.

Sobald die Hähnchenbrust durch ist, kannst du alles auf einen mit Feldsalat ausgelegten Teller packen.

Nährwerte

Kalorien 517 kcal

Fett: 21g

Protein: 71g

KH: 11g

 TIPP: Wenn du Tofu kaufen bist, dann suche auf jeden Fall den geräucherten Tofu im Regal! Der ist viel leckerer als der herkömmliche Tofu.

40 Minuten

40 Brokkoli Auflauf

Das Brokkoli eines meiner absoluten Lieblings-Lebensmittel ist, solltest du ja mittlerweile mitbekommen haben. Das liegt nicht nur daran, dass ich ihn besonders lecker finde, sondern weil er auch voll mit Vitaminen ist.

Zutaten

500g TK-Brokkoli

5 Eier

100g Speckwürfel

100g geriebener Gouda

Zubereitung

1. Am besten gleich am Anfang den TK-Brokkoli in einer Bratpfanne erwärmen.

2. In einer kleinen Schale die Eier mit dem Käse und dem Speck vermengen. Nach belieben würzen.

3. Sobald der Brokkoli warm ist, gibst du ihn in einen Auflaufform zusammen mit der Eiermasse. Alles gleichmässig verteilen.

4. Jetzt alle noch für ca. 20 Minuten bei 180 Grad Umluft in den Backofen backen lassen.

Fertig ist der Low Carb Auflauf!

Nährwerte

Kalorien 1100 kcal

Fett: 72g

Protein: 102g

KH: 12g

TIPP: Wenn du den TK-Brokkoli schon einen Tag früher aus dem Tiefkühler nimmst, kannst du dir den ersten Schritt sparen.

12 Minuten

41 Speckei

Ach ja, was wäre ein Kraftsportler ohne sein Rührei... vermutlich genauso breit, aber missen will man es einfach nicht, denn gerade zum Frühstück geht es so gut runter.

Zutaten

4 Eier

30g geriebener Gouda

40g Cherrytomaten

1 Zwiebel

60g Speckwürfel

20g Champignons

Nährwerte

Kalorien
612 kcal

Fett: 44g

Protein: 49g

KH: 5g

Zubereitung

1. Die Speckwürfel in einer beschichteten Bratpfanne scharf anbraten.

2. Währenddessen die Zwiebel schälen, schneiden und in eine kleine Schale geben.

3. Zusätzlich zur Zwiebel, noch die gewaschenen Champignons schneiden und in die Schale geben. Des Weiteren die Cherrytomaten halbieren und ebenso dazugeben.

4. Den Gouda zusammen mit dem Ei in der Schale untermengen und alles gründlich vermischen.

5. Ordentlich alles würzen und zum Speck in die Pfanne geben.

6. Nach etwa 5 - 6 Minuten sollte das Rührei komplett fertig sein.

TIPP: Falls du keinen geriebenen Gouda zur Hand hast, kannst du auch als Alternative Gouda Scheiben nehmen.

40 Minuten

42 Low Carb Pizza

Auch wenn du dich Low Carb ernährst, musst du nicht auf Pizza verzichten! Die gesunde Alternative zu den gängigen Pizzen aus dem Supermarkt findest du hier! Und wiedermal ist eines meiner absoluten Lieblings-Lebensmittel mit dabei - Brokkoli.

Zutaten

......

1 kompletter Brokkoli

30g geriebener Gouda

130g Mozzarella

2 Eier

100g Cherry-tomaten

......

Nährwerte

Kalorien 850 kcal

Fett: 54g

Protein: 71g

KH: 20g

Zubereitung

1. Den Brokkoli etwas klein schneiden und in einem Mixer zerkleinern.

2. Die Brokkoli-Masse in einer Schale mit dem Ei zusammen geben. Gemeinsam mit dem Gouda vermengen.

3. Den „Pizzateig" kreisförmig etwa 0,5cm dick auf einem Backblech mit Backpapier auslegen.

4. Den Pizzateig jetzt für 10 Minuten bei 180 Grad Umluft im Ofen backen lassen.

5. In der Zeit kannst du die Cherrytomaten halbieren und den Mozzarella in Scheiben schneiden.

6. Nach den 10 Minuten, kannst du jetzt den Pizzateig mit den Tomaten und dem Mozzarella belegen.

Alles zusammen für weitere 12 Minuten backen lassen, bis der Mozzarella komplett verlaufen ist.

 TIPP: Du kannst dir die Low Carb Pizza selbstverständlich noch mit weiteren Zutaten belegen. Deine Fantasie sind keine Grenzen gesetzt.

43 Spinat Röllchen

Keine Sorge, es sieht schwieriger aus als es in Wirklichkeit ist und zudem ist es auch noch relativ schnell gemacht.

Nebenbei versorgt dich der Lachs unteranderem mit Omega 3 und einer Menge Eiweiß und der Spinat liefert dir zahlreiche Vitamine.

Zutaten	*Zubereitung*

200g Rahmspinat

200g Lachs

60g Frisch-käse 4%

2 Eier

1. Den aufgetauten Rahmspinat in einer Schale mit dem Ei vermengen.

2. Die Masse auf einem Backblech mit Backpapier geben und für ca. 8 Minuten bei 200°C Umluft im Ofen backen.

3. Danach den Spinat etwa 10 Minuten abkühlen lassen.

4. Anschließend den Spinat mit Frischkäse bestreichen und den Lachs darauf verteilen.

5. Zusammen rollen, teilen und fertig sind die Röllchen.

Nährwerte

Kalorien
569 kcal

Fett: 29g

Protein: 68g

KH: 9g

 TIPP: Wenn du vergessen hast, den Rahmspinat rechtzeitig auftauen zulassen - kein Problem! Einfach bei schwacher Hitze den Spinat in einem Topf auftauen.

44 Schnelles Rührradieschen

An einigen Tagen muss es auch mal schnell gehen, aber dennoch will man seinen Körper mit ausreichend Nährstoffen versorgen.

Darum kommen die Radieschen zum Rührei dazu! Denn Radieschen liefern dir neben ihren Ballaststoffen und Kohlenhydrate auch noch eine Vielzahl an Mineralstoffen wie Magnesium, Kalium, Eisen und Vielen mehr.

Zutaten

100g Radieschen

4 Eier

1 Zwiebel

10g Schnittlauch

Basilikum

Zubereitung

1. Die Zwiebel schneiden und der Pfanne scharf anbraten.

2. Anschließend das Ei dazu geben und zum Rührei braten.

3. Währenddessen das Rührei brutzelt etwas Schnittlauch dazu geben.

4. In der Zwischenzeit kannst du die Radieschen waschen und schneiden.

5. Sobald das Rührei fertig ist, gibst du alles zusammen auf einen Teller und fertig ist das Rührradieschen. Würzen nicht vergessen.

Nährwerte

Kalorien 388 kcal

Fett: 28g

Protein: 30g

KH: 4g

50 Minuten

45 Ofen Lachsfilet

Wusstest du eigentlich schon, dass der Lachs zu den fetteren Fischen gehört? Was am Anfang erstmal weniger gesund klingt, aber tatsächlich liefert dir Lachs viel Omega-3-Fettsäuren und zudem hat er einen hohen Anteil an fettlöslichen Vitaminen.

Zutaten

∙∙∙∙∙∙∙∙∙∙∙∙∙∙

250g Lachfilet

150g Zucchini

200g Paprika rot

200g Cherry-tomaten

250g Fetakäse

0,5 Zitrone

50g Champignons

∙∙∙∙∙∙∙∙∙∙∙∙∙∙

Zubereitung

1. Zuerst viertelst du die gewaschene Zucchini und gibst diese zusammen mit der Paprika in die Auflaufform.

2. Gefolgt von den Cherrytomaten und den Champignons. Natürlich alles vorher gut abspülen mit kaltem Wasser.

3. Anschließend verteilst du 200g vom Fetakäse über die komplette Auflaufform.

4. Die Zitrone über der Auflaufform auspressen.

5. Als nächstes legst du die Lachfilets oben drauf und packst den restlichen Fetakäse noch darüber.

6. Gut würzen und für etwa 30 Minuten bei 180°C Umluft in den Backofen.

Nährwerte

Kalorien 1296 kcal

Fett: 88g

Protein: 101g

KH: 25g

 TIPP: Anstatt Fetakäse kannst du es auch mit geriebenen Gouda oder Mozzarella versuchen.

46 Müsli Sticks

Mandeln liefern dir nicht nur viele mehrfach ungesättigte Fettsäuren, sondern bringen auch noch einen großen Anteil an Eiweiß mit. Zudem haben sie eine sehr ausgewogene Zusammensetzung von für uns lebenswichtigen Inhaltsstoffen wie beispielsweise Kalzium, Magnesium, Vitaminen und noch vieles mehr...

Zutaten

....

50g gehackte Mandeln

50g gehobelte Mandeln

50g Kokosraspeln

50g Kürbiskerne

50g Sonnenblumenkerne

3 Eiweiß

30g Vanille-Whey

....

Zubereitung

1. Ganz einfach! Alle Zutaten nacheinander in eine Schale geben. Die Reihenfolge ist dabei voll egal.

2. Alles zusammen gut vermengen und in eine Backform geben. Als Alternative zur Backform geht auch ein Backblech mit Backpapier.

3. Die Backform oder auch das Backblech kommt jetzt für etwa 40 Minuten bei 140°C Umluft in den Ofen.

4. Nachdem die Müsli Sticks abgekühlt sind, eignen sie sich perfekt für unterwegs.

Nährwerte

Kalorien
1902 kcal

Fett: 154g

Protein: 99g

KH: 30g

TIPP: Wenn du keine gehackten Mandeln hast, kannst du auch normale Mandeln kaufen und sie selber zerkleinern.
Teile dir die Sticks aufgrund der hohen Kaloriendichte lieber über 4 bis 5 Tage auf.

15 Minuten

47 Schoko-Eierkuchen

Durch das Proteinpulver bekommst du einen echt gut hohen Anteil an Eiweiß zusammen. Dieses Meal eignet sich auch gut für unterwegs. Einfach in einer Frischhaltedose luftdicht verschließen und mitnehmen.

Zutaten

....

2 Eier

30g Schoko-Whey

1TL Kakaopulver

20g Kokosraspeln

Etwas Kokosöl zum fetten

Zubereitung

1. 2 Eier in eine Schale geben und mit dem Whey und dem Kakao umfassend vermengen.

2. Das Kokosöl in einer Pfanne erhitzen und wenn es brutzelt die Hälfte vom Teig in die Bratpfanne geben.

3. Vorsichtig sein beim wenden. Anschließend die andere Hälfte vom Teig braten.

4. Vor dem servieren den Schoko-Eierkuchen mit Kokosraspeln überstreuen.

Guten Appetit!

....

Nährwerte

Kalorien
452 kcal

Fett: 28g

Protein: 39g

KH: 11g

 TIPP: Wenn du den Teig noch fluffiger haben möchtest, gib einfach noch 10 - 20ml Mandelmilch zum Teig dazu.

48 Hähnchen-Brokkoli-Auflauf

Ja, Brokkoli esse ich wirklich sehr gerne und in allen Variationen. Auch in einem Auflauf schmeckt er super und versorgt dich mit vielen Mineralstoffen.

Zutaten

200g Hähnchen-schnitzel

300g TK-Brokkoli

50g geriebener Emmentaler

1 Zwiebel

30g Schnittlauch

Nährwerte

Kalorien 482 kcal

Fett: 18g

Protein: 71g

KH: 9g

Zubereitung

1. Zu nächst wird der TK-Brokkoli in einer Bratpfanne langsam erwärmt.

2. In der Zwischenzeit wächst du das Hähnchenschnitzel und zerkleinerst es.

3. Im Anschluss gibst du es auch in die Pfanne.

4. Als nächstes folgt die Zwiebel. Schälen, schneiden und in die Bratpfanne geben.

5. Alles durchziehen lassen und immer mal umrühren.

6. Jetzt kommt alles noch in eine Backform und wird mit dem geriebenen Emmentaler überstreut.

7. Für ca. 15 Minuten bei 180°C im Ofen backen lassen. Vor dem servieren noch etwas Schnittlauch zerhacken und über den Auflauf geben.

 TIPP: Wenn du den Geschmack noch aufwerten willst, dann pack zwei klein geschnittene Knoblauchzehen in die Pfanne mit rein.

45 Minuten

49 Ofen Omelett

Habe ich dir schon erzählt, dass ich das grüne Gemüse „Spinat" klasse finde? Ja genau, ich finde es klasse! Weil es nämlich nicht nur sehr kalorienarm ist, sondern weil es einen auch mit sehr vielen lebensnotwendigen Vitaminen versorgt.

Zutaten

450g TK-Rahm-Spinat

20g getrocknete Tomaten

70g Fetakäse

30g geriebener Gouda

50g Cherry-tomaten

50g Radieschen

4 Eier

1 Zwiebel

Nährwerte

Kalorien 876 kcal

Fett: 60g

Protein: 60g

KH: 24g

Zubereitung

1. Den TK-Rahmspinat in eine Pfanne geben und auftauen lassen.

2. Derweil nimmst du dir ein Brett und schneidest die Zwiebel klein. Diese gibst du jetzt in eine kleine Schale.

3. Anschließend gibst du die Eier zusammen mit dem Fetakäse, dem geriebenen Gouda und den getrockneten Tomaten in die Schale mit dazu und vermischst alles.

4. Sobald der Rahmspinat aufgetaut ist, gibst du diesen als erstes in eine Auflaufform. Als zweites folgt die Eier-Käse-Masse.

5. Jetzt die Radieschen in Scheiben schneiden und oben rauf legen. Alles würzen und für 30 Minuten bei 180°C Umluft in den Backofen schieben.

Schon ist das gesunde Ofen-Omelett fertig.

 TIPP: Du kannst dir den ersten Schritt sparen, wenn du am Vortag den Spinat schon rauslegst zum auftauen.

30 Minuten

50 Käse-Gratin

Ganz locker der schnellste und einfachste Auflauf der jemals gemacht wurde....aber trotzdem sehr schmackhaft und nährstoffreich!

Zutaten

400g TK-Brokkoli

60g Champignons

125g Mozzarella

Gewürze

Zubereitung

1. Als erstes den aufgetauten oder auch schon gekochten Brokkoli in eine Auflaufform legen.

2. Danach die Champignons gründlich waschen und zerkleinern.

3. Als nächstes den Mozzarella in Scheiben schneiden und über die gesamte Auflaufform verteilen.

4. Nur noch würzen und im Ofen für etwa 20 Minuten bei 180°C Umluft backen lassen.

Fertig ist das Käse-Gratin.

Nährwerte

Kalorien 583 kcal

Fett: 35g

Protein: 55g

KH: 12g

 TIPP: Wie schon bei einigen Rezepten erwähnt, kannst du den TK-Brokkoli einen Tag vorher rauslegen zum auftauen oder ihn vorher schnell weich kochen.

Low Carb

40 Minuten

51 Flammkuchen

Flammkuchen mal als Low Carb Variante gefällig? Hier bist du genau richtig! Easy zubereitet und sehr delikat.

Zutaten

....

200g geriebener Gouda

120g Speisequark

50g Crème Fraiche

1 TL Kokosmehl

60g Speck

3 Eier

Etwas Schnittlauch

....

Nährwerte

Kalorien
1169 kcal

Fett: 73g

Protein: 112g

KH: 16g

Zubereitung

1. Alle Zutaten bis auf den Speck und der Creme Fraiche in einer Schale gründlich vermengen.

2. Die gesamte Masse auf einem Backblech mit Backpapier glatt streifen und für 10 Minuten bei 180°C Umluft im Ofen backen.

3. In der zeit wo der „Teig" backt, kannst du entspannt den Speck klein schneiden.

4. Nach 10 Minuten Backzeit, nimmst du das Blech kurz raus und bestreichst den Teig mit der Crème Fraiche. Zusätzlich verteilst du jetzt auch noch den geschnittenen Speck, den Schnittlauch und noch etwas geriebenen Gouda auf dem Teig.

5. Nach Weiteren 15 Minuten bei 180 Grad Umluft, ist der Flammkuchen fertig und kann gegessen werden.

★ **TIPP:** Als Alternative zum normalen Speck, kannst du auch Speckwürfel verwenden. Dann sparst du dir zudem Schritt drei.

13 Minuten

52 Feldsalat mit Rindersteak

Dieser große Feldsalat ist eines meiner Lieblingsrezepte überhaupt. Er steckt voller Mikrominerale, guten Fetten und viel Eiweiß. Er ist einfach gemacht und geht super fix.

Zutaten

150g Feldsalat

200g Rindersteak

100g Paprika rot

30g Sprossen

30g Sylter Dressing

50g Avocado

Nährwerte

Kalorien 519 kcal

Fett: 27g

Protein: 48g

KH: 21g

Zubereitung

1. Zuerst beginnst du das Steak in einer Pfanne zu braten. Stelle hierzu den Herd auf eine mittlere Stufe und lege dann das Steak in geschnittenen Streifen in die erhitzte Pfanne. Zusätzliches Bratfett wird bei einer guten Pfanne nicht benötigt, da das Fleisch bereits sehr fettig ist.

2. Während das Fleisch brät, wäschst du den Salat, die Paprika und die Sprossen ordentlich ab und gibst alles in eine große Schale. Schneide die Paprika außerdem in kleine Würfel bzw. Steifen, ganz wie du magst.

3. Als nächstes verrührst du alles zusammen mit dem Dressing und gibst auf den Salatberg nun die halbe Avocado.

4. Nach 5 bis 7 Minuten sollte nun auch das Fleisch fertig sein, welches du nun ebenfalls einfach auf den Salat tust.

 TIPP: Basilikum oder andere Kräutergewürze werten den Feldsalat mit Rindersteak noch auf.

20 Minuten

53 Fitness-Rührei

Dieses große Rührei ist ebenfalls einer meiner Favorit-Rezepte in diesem Buch. Sehr schnell & einfach gemacht und es steckt voller guter Inhaltsstoffe.

Zutaten

250g TK-Blattspinat

4 Eier

2 Scheiben Gouda (ca. 66g)

80g Champignons

80g Cherry-tomaten

1 rote Zwiebel

Gewürze

Nährwerte

Kalorien 657 kcal

Fett: 45g

Protein: 55g

KH: 32g

Zubereitung

1. Ich persönlich kaufe immer tiefgefrorenen Spinat – und zwar den ohne Blubb bzw. ohne extra Fett. Diesen gibst du als erstes in eine erhitzte Pfanne, so dass der Spinat schon mal auftauen kann.

2. Zeitgleich schneidest du Tomaten, Zwiebel und die Champignons in kleine Würfel und tust sie in eine Schale.

3. In diese Schale schlägst du außerdem die Eier auf und verrührst das ganze, je nach Geschmack, mit Salz und Pfeffer. Für das gewisse Extra würze ich außerdem sehr gerne mit Kurkuma.

4. Wenn der Spinat nun nicht mehr gefroren, sondern schon leicht erhitzt ist, ist es an der Zeit das Gemüse und die Eier ebenfalls in die Pfanne zu kippen. Nun ordentlich umrühren, so dass der Spinat und die Eier zu einer Masse verschmelzen.

5. Zum Schluss reißt du die Käsescheiben in kleine Stücke und wirfst sie ebenfalls mit in die Pfanne. Nun wieder gut verrühren und nach spätestens 5 Minuten sollte das Rührei perfekt sein.

15 Minuten

54 Griechischer Thunfischsalat

Dieser massive Salat ist super für eine Diät-Phase: Viel Volumen und eine geringe Dichte. Das bedeutet im Klartext, dass man viel isst und eine große Menge an Essen zu sich nimmt, aber trotzdem nur wenig Kalorien. Ideal also!

Zutaten

1 Kopf Römersalat

1 rote Zwiebel

300g Salatgurke

350g Paprika rot

210g Thunfisch

6 grüne Oliven

0,5 Zitrone

Petersilie

Salz / Pfeffer

1 EL Olivenöl

Nährwerte

Kalorien 640 kcal

Fett: 36g

Protein: 44g

KH: 35g

Zubereitung

1. Zuerst entfernst du die Blätter des Römersalats und wäschst sie, worauf du sie dann in kleine Streifen schneidest.

2. Danach die Zwiebel schälen und in feine Ringe zerkleinern. Gurke sowie die Paprikaschoten waschen, schneiden, entkernen und in Scheiben/Streifen schneiden.

3. Anschließend den Thunfisch abtropfen lassen und mit einer Gabel in kleine Stücke teilen. Ganz simpel also.

4. Zwiebel, Gurke, Paprika und Thunfisch vermengen. Petersilie waschen und hacken.

5. Oliven und Kapern ebenfalls zerhacken, danach Zitronenhälfte auspressen und 2 EL Zitronensaft salzen und pfeffern und das Olivenöl hinzugeben. Kurz vor dem Anrichten über den Salat geben.

TIPP: Als Alternative zum Thunfisch können auch Garnelen oder Shrimps genommen werden.

25 Minuten

55 Grünkohl-Steak-Wunder

Dieses wirklich einfache Gericht ist ebenfalls hervorragend für eine Diät-Phase geeignet. Durch den vielen Grünkohl nehmen wir nicht nur massig Mikrominerale zu uns, sondern wir haben auch hier wieder viel Volumen und eine geringe Dichte. Die Zubereitung ist auch kinderleicht.

Zutaten

200g Rindersteak

250g TK-Grünkohl

100g Champignons

1 rote Zwiebel

Gewürze

Zubereitung

1. Als erstes gibst du den tiefgefrorenen Grünkohl in eine erhitzte Pfanne und lässt diesen schön auftauen bzw. leicht anbraten. Während der Grünkohl langsam auftaut, schneidest du die Zwiebel in kleine Würfel und gibst sie ebenfalls in die Pfanne.

2. Sobald der Grünkohl warm ist, kannst du ihn mit Salz, Kurkuma, Knoblauch und Pfeffer abschmecken und verfeinern.

3. Am Besten tust du nun den Grünkohl auf einen großen Teller, auf dem er schon ein wenig abkühlen kann, während der Herd und die Pfanne aber erhitzt bleiben. Als nächstes legst du noch das Steak bei mittlerer Hitze in die Pfanne und brätst es von allen Seiten schön durch. Ob in Streifen oder einem Stück bleibt dir überlassen.

Nährwerte

Kalorien 327 kcal

Fett: 11g

Protein: 50g

KH: 7g

 TIPP: Grünkohl in Deutschland zu bekommen ist gar nicht so einfach – oder aber ich habe mich lange Zeit nur zu blass angestellt ...Jedenfalls findest du guten Grünkohl bei Edeka. Entweder im Glas, direkt neben dem Rotkohl, oder aber als 1Kg-Sack in der Tiefkühlabteilung. Ich persönlich nehme oft den tiefgefrorenen.

Low Carb

56 Brokkoli Hühnchen

20 Minuten

Ähnliche Basis wie beim Gericht davor, nur anderer Geschmack. Hier haben wir viel Eiweiß, viele gute Mineralstoffe aus dem Brokkoli und den Sonnenblumenkernen und ausreichend gutes Fett, damit der Körper die ganzen Vitamine auch ordentlich verstoffwechseln kann.

Zutaten

Zubereitung

....

250g
Putenbrust

300g TK-
Brokkoli

30g Dressing

30g Sonnen-
blumenkerne

1. Als erstes den tiefgefrorenen Brokkoli in eine Pfanne geben und erhitzen.

2. Während der Brokkoli langsam auftaut, schneidest du die Putenbrust in kleinere Streifen und fängst diese ebenfalls auf einer mittleren Stufe an zu braten.

3. Das Ganze kommt dann auf einen Teller, auf dem du es mit Dressing und den Sonnenblumenkernen verfeinerst, so dass das Gericht nicht zu trocken ist.

Schnell. Einfach. Lecker.

....

Nährwerte

Kalorien
581 kcal

Fett: 29g

Protein: 66g

KH: 14g

 TIPP: Natürlich kannst du auch frischen Brokkoli verwenden, aber das ist wesentlich zeitintensiver und die Gefahr somit unnötig hoch, dass dieses super Gericht aus Bequemlichkeit in der Praxis doch nicht gekocht wird ...

Das Fitness Kochbuch

HIGH CARB

„Es gibt nur zwei Tage im Jahr, an denen man nichts tun kann. Der eine ist Gestern, der andere Morgen. Dies bedeutet, dass heute der richtige Tag zum Lieben, Glauben und in erster Linie zum Leben ist.“

- Dalai Lama

57 Süßkartoffel Knabberei

Dieses Rezept eignet sich auch perfekt für unterwegs, da du es easy in einer Frischhaltebox mitnehmen kannst. Zudem bekommst du hier einen hohen Anteil an Eiweiß und einen noch höheren Anteil an Kohlenhydraten.

Zutaten

230g
Süßkartoffeln

30ml
Mandelmilch

50g Instant
Oats

50g Vanille-
Whey

100g Banane

80g
Haferflocken

1 Ei

Zimt

Zubereitung

1. Starte damit, dass du die Süßkartoffeln schneidest und in einem Topf weich kochst. Das Wasser im Topf sollte die Süßkartoffeln komplett bedecken.

2. Sobald sie weich gekocht sind, lasse die Süßkartoffeln 10 Minuten abkühlen und pack sie danach in eine Schale, zusammen mit den anderen Zutaten.

3. Alles gründlich vermengen und auf ein Backblech mit Backpapier geben.

4. Den Teig jetzt fr etwa 20 Minuten bei 160°C Umluft in den Ofen schieben.

Abkühlen lassen und in mundgerechte Stücke brechen.

Nährwerte

Kalorien
1073 kcal

Fett: 21g

Protein: 67g

KH: 154g

TIPP: Wenn du es nussig magst und ein paar gehobelte Mandeln über hast, dann füge sie noch zum Teig hinzu. Sehr lecker!

35 Minuten

58 Vollkornnudeln mit Tomatensauce

Im Gegensatz zu normalen Nudeln, bestehen Vollkornnudeln aus komplexen Kohlenhydraten und werden so von deinem Körper besser verarbeitet. Dazu kommt, dass dein Insulinspiegel nicht so sehr in die Höhe getrieben wird und daher dein Fettstoffwechsel weiterhin gut arbeiten kann.

Zutaten

150g Vollkorn-nudeln

250g passierte Tomaten

1EL Tomatenmark

100g Paprika

200g Putenbrust

150g Zucchini

100g Tomate

1 Zwiebel

400ml Wasser

Nährwerte

Kalorien
877 kcal

Fett: 9g

Protein: 67g

KH: 132g

Zubereitung

1. Zunächst bringst du 400ml Wasser zum aufkochen.

2. In der Zwischenzeit schneidest du die Zwiebel und die gewaschene Putenbrust in kleine Stücke und gibst sie in eine beschichtete Bratpfanne.

3. Sobald das Wasser im Topf kocht, gibst du die Vollkornnudeln dazu und eine Prise Salz.

4. Jetzt viertelst du die Zucchini und gibst sie ebenfalls in die Bratpfanne.

5. Es folgt nach und nach die Paprika und die Tomate.

6. Wenn die Zucchini langsam weich wird, kannst du die passierten Tomaten und den Tomatenmark dazugeben.

7. Noch würzen und nach wenigen Minuten ist das Gericht auch servierfähig.

 TIPP: Du kannst auch Hähnchenbrust, anstatt Putenbrust nehmen, wenn es dir lieber ist.

25 Minuten

59 Chicken-Gemüse-Wrap

Die low fat Fast Food Variante für zuhause zum selber machen. Einfach, schnell und schaut auch noch gut aus!

Zutaten

Zubereitung

200g Hähnchen-brust

1. Die gewaschene Hähnchenbrust in kleine Stücke schneiden.

Wrap

2. Gemeinsam mit der geschnittenen Zwiebel in einer Bratpfanne anbrutzeln.

100g Frischkäse

3. In der Zwischenzeit die Wraps mit Frisches bestreichen und den Feldsalat darauf packen.

100g Paprika

100g Feldsalat

120g Cherrytomaten

4. Anschließend die Paprika und die Tomaten waschen, schneiden und auf dem Feldsalat verteilen.

1 Zwiebel

5. Nach ca. 10 Minuten sollte die Hähnchenbrust auch durch sein. Jetzt kannst du sie auf den Wrap legen, würzen und ihn zusammenrollen.

Fertig ist das gesunde Fast Food.

Nährwerte

Kalorien 729 kcal

Fett: 21g

Protein: 67g

KH: 68g

 TIPP: Ich verwende oft die Vollkornwraps von Rewe.

15 Minuten

60 Blaubeer-Nuss-Porridge

Wer mal schnell eine kleine warme Mahlzeit benötigt, ist mit dem Blaubeer-Nuss-Porridge bestens bedient!

Zutaten

250ml
Mandelmilch

150g
Haferflocken

50g
Blaubeeren

30g
Haselnuss-
Whey

Zubereitung

1. Beginne damit, dass du die Milch in einem Topf zum kochen bringst.

2. Wenn die Milch kocht, dann wird es Zeit, die Haferflocken in den Topf zu geben und die Herdplatte runter zu drehen.

3. Anschließend gibst du das Whey gemeinsam mit den Blaubeeren dazu und vermengst alles.

Etwas abkühlen lassen und fertig!

Nährwerte

Kalorien
728 kcal

Fett: 16g

Protein: 45g

KH: 101g

 TIPP: Wenn du eine Variation suchst, dann check mal Rezept 95 aus! Es ist ähnlich, aber mit ein paar kleinen Änderungen.

23 Minuten

61 Himbeer-Pizza

Wie du vielleicht schon beim lesen oder nachkochen dieses Fitness Kochbuchs gemerkt hast, gibt es tatsächlich für jede Art von herkömmlichen Pizzen, Bürger usw. aus dem Supermarkt eine gesunde Alternative! Genauso wie diese hier:

Zutaten

0,5 Banane

80g Haferflocken

200g Magerquark

125g Himbeeren

20g Blaubeeren

15g Agaven-dicksaft

Zubereitung

1. Quatsche die Banane in einer kleinen Schale und vermenge sie mit den Haferflocken und dem Agavendicksaft.

2. Forme den Teig zu einer rundförmigen Pizza und schiebe sie auf einem Backpapier mit Backblech für 15 Minuten bei 200 Grad Umluft in den Ofen.

3. In der zeit kannst du den Magerquark mit den Himbeeren vermengen

4. Sobald der teig fertig ist, schmierst du den Magerquark auf die Pizza und gibst die Blaubeeren dazu.

Und fertig ist die gesunder Alternative.

Nährwerte

Kalorien 579 kcal

Fett: 7g

Protein: 38g

KH: 91g

 TIPP: Wenn du den Eiweißanteil noch höher haben willst, gebe einfach einen Scoop Proteinpulver deiner Wahl zum Teig dazu.

15 Minuten

62 Vollkorntoasti

Eher seltener auf meinem Ernährungsplan zu finden, aber dennoch hat Vollkornbrot seine Daseinsberechtigung. Denn im Vollkornbrot finden sich nicht nur komplexe Kohlenhydrate, sondern auch wichtige Mineralstoffe, Spurenelemente, Ballaststoffe und vieles mehr.

Zutaten

5 Scheiben Vollkornbrot

75ml Mandelmilch

150g körniger Frischkäse

50g Radieschen

2 Eier

20g Schnittlauch

Etwas Kokosöl zum fetten

Zubereitung

1. Die Eier mit der Milch und etwas Salz in einer kleinen Schale verquirlen.

2. Als nächstes tauchst du die Vollkornscheiben in die Schale ein und legt sie dir auf einen Teller zu recht.

3. Jetzt fettest du deine Bratpfanne mit dem Kokosöl ein und gibst die Vollkornscheiben zum brutzeln rein. Gut von beiden Seiten anbraten.

4. Anschließend gibst du die Scheiben mit dem Frischkäse und die geschnittenen Radieschen auf einen Teller zum servieren.

   Etwas Schnittlauch ran und nach belieben würzen.

Nährwerte

Kalorien 883 kcal

Fett: 27g

Protein: 50g

KH: 110g

 TIPP: Als süße Alternative kannst du das Salz mit etwas Proteinpulver austauschen und anstatt Schnittlauch verwendest du einfach Zimt.

63 Rote Linsen Traum

Es gibt Duzende Sorten von Linsen auf der ganzen Welt, aber mein bisheriger Favorit sind die roten Linsen. Sie haben wir alle Linsen viele Ballaststoffe, aber auch einen hohen Eiweißanteil.

Zutaten

300g rote Linsen

1 Zwiebel

220g Möhrchen

300g passierte Tomaten

1 Knoblauch-zehe

Zubereitung

1. Die roten Linsen in einen Topf geben, mit Wasser überdecken und zum kochen bringen.

2. Die Zwiebeln gemeinsam mit dem Knoblauch schälen, schneiden und auch in den Topf zu den Linsen geben.

3. Nach ca. 12 Minuten Kochzeit, kannst du jetzt die Möhrchen und die passierten Tomaten dazugeben.

4. Alles etwa 5 Minuten zusammen ziehen lassen. Gut würzen und danach servieren.

Nährwerte

Kalorien 1101 kcal

Fett: 5g

Protein: 85g

KH: 179g

TIPP: Die roten Linsen kaufe ich immer bei der Drogerie Rossmann.

PS: Die haben mittlerweile echt viele erlesene Zutaten!

50 Minuten

64 Gefüllte Reis Paprika

Ich mag Paprikas nicht nur, weil sie sehr lecker sind, sondern auch wegen ihrer Inhaltsstoffe. Beispielsweise liefern sie dir neben viel Vitamin-C auch Kalium, Magnesium, Zink, Calcium usw...

Paprikas sind meiner Meinung nach ein muss in jedem Ernährungsplan!

Zutaten

100g Reis

4 große Paprikas

2 Zwiebeln

100g Mais

100g Kidney-bohnen

30g Tomatenmark

Nährwerte

Kalorien 627 kcal

Fett: 3g

Protein: 27g

KH: 123g

Zubereitung

1. Als erstes bringst du den Reis zusammen mit dem Mais, den Zwiebeln und den Bohnen in einem mit Wasser gefüllten Topf zum kochen.

2. In der Zwischenzeit köpfst du die Paprikas und hüllst sie aus. Evtl. musst du den Boden der Paprika etwas begradigen, damit sie gut stehen können. Achte aber darauf, dass du kein Loch unten rein machst.

3. Wenn das Wasser im Topf verflogen ist, gründlich würzen, den Tomatenmark untermengen und die Temperatur runterdrehen.

4. Anschließend füllst du die Paprikas mit der kompletten Masse und stellst sie am besten in eine Auflaufform, damit sie beim backen nicht umkippen.

5. Etwa 30 Minuten bei 160°C Umluft im Ofen backen und danach servieren.

 TIPP: Damit die Paprika nicht anbrennt im Backofen, einfach die Auflaufform mit Backpapier überdecken.

20 Minuten

65 Blaubeer-Bananen-Pfannkuchen

Egal wie du sie nennen willst, ob Eierkuchen oder Pfannkuchen oder Eierpuffer - sie sind immer lecker und in der Variante liefern sie dir eine ordentliche Portion an Kohlenhydrate.

Zutaten

- 2 Bananen
- 30g Vanille-Whey
- 50g Instant Oats
- 20ml Mandelmilch
- 50g Heidelbeeren
- 1 Ei
- Etwas Kokosöl zum fetten

Zubereitung

1. Zerquetsche die Banane in einer Schale.

2. Vermenge alle weiteren Zutaten nacheinander in der Schale.

3. Das Kokosöl in der Pfanne erhitzen und einen kleinen Teil vom Teig zum braten geben. Beide Seiten gut durchbrutzeln und achtsam sein beim Wenden.

Insgesamt solltest du so 6 - 8 Pfannkuchen mit dem Teig hinbekommen.

Nährwerte

Kalorien
602 kcal

Fett: 14g

Protein: 37g

KH: 82g

 TIPP: Solltest du keine Blaubeeren zur Hand haben, kannst du diese auch weglassen. Die Pfannkuchen sind auch so schon sehr lecker.

35 Minuten

66 Die Masse Pfanne

Wie der Name es schon vermuten lässt, bringt diese Pfanne hier ziemlich viel Volumen mit. Ideal in der Aufbauphase und zudem schnell und simple zubereitet.

Zutaten

125g Reis

350 TK-Gemüse

100g Grünkohl

30 Frisch-käse 4%

2 Eier

50g Ketchup

1 Zwiebel

Zubereitung

1. Den Reis in einem Topf mit Wasser zum kochen bringen.

2. In der Zwischenzeit das TK-Gemüse in einer beschichteten Pfanne zum auftauen bringen.

3. In der Zeit kannst du die Zwiebel schneiden.

4. Sobald der Reis fertig ist, kannst du alle Zutaten, bis auf den Frischkäse, in die Pfanne zum Gemüse tun.

5. Wenn die Flüssigkeit in der Pfanne fast komplett weg ist, gibst du noch den Frischkäse dazu und lässt alles noch etwa 2 Minuten lang ziehen.

Nach den 2 Minuten kann gegessen werden.

Nährwerte

Kalorien 838 kcal

Fett: 18g

Protein: 40g

KH: 129g

 TIPP: Ich verwende hier ganz gerne das gute Kaisergemüse, was du beispielsweise bei Rewe im Regal findest. Es ist Kalorienarm und mit den richtigen Gewürzen sehr lecker.

35 Minuten

67 Selbstgemachte Bananenbrot

Selbstgemacht schmeckt doch nach wie vor immer noch am besten oder? Richtig! Und so ist es auch mit dem selbstgemachten Bananenbrot.

Probiere es unbedingt aus!

Zutaten

3 Bananen

2 Eier

80g griechischer Joghurt

50g Heidelbeeren

10g Backpulver

120g Instant Oats

40ml Mandelmilch

30g Vanille-Whey

Zubereitung

1. Zunächst die Bananen in einer größeren Schale quetschen. Am besten verwendest du reife Bananen.

2. Anschließend gibst du alle weiteren Zutaten in die Schale dazu und vermengst sie gründlich.

3. Jetzt die gesamte Masse in eine Auflaufform geben und für etwa 25 Minuten bei 170°C Umluft in den Ofen stellen.

4. Abkühlen und schmecken lassen!

Nährwerte

Kalorien 1194 kcal

Fett: 34g

Protein: 54g

KH: 168g

 TIPP: Wenn du auf Kokosgeschmack stehst, kannst du noch Kokosraspeln in den Teig untermischen.

68 Süßkartoffel Pancakes

Süßkartoffeln schmecken tatsächlich nicht nach Kartoffeln, sondern wie der Name schon sagt, eher süß. Darum eigenen sie sich meiner Meinung nach perfekt für Pancakes. Zudem liefern sie mit ihren komplexen Kohlenhydraten ordentlich Power!

Zutaten

- 4 Eiweiß
- 1 Süßkartoffel
- 30g Vanille-Whey
- Zimt
- Etwas Kokosöl zum fetten

Zubereitung

1. Süßkartoffel schälen und in ca. 1cm dicke Scheiben schneiden.

2. Die Süßkartoffel in eine kleine Schale geben und ein 1EL Wasser dazu tun.

3. Die Schale kommt jetzt abgedeckt mit einem Teller für 3 Minuten auf der höchsten Stufe in die Mikrowelle.

4. Anschließend gibst du die Süßkartoffeln zusammen mit allen anderen Zutaten in den Mixer und mischst alles gründlich durch.

5. Jetzt kannst du den Teig in der mit Kokosöl gefetteten Pfanne braten. Acht geben beim wenden.

Fertig!

Nährwerte

Kalorien 402 kcal

Fett: 2g

Protein: 44g

KH: 52g

 TIPP: Wenn du es noch süßer haben willst, verwende Stevia.

32 Minuten

69 Tofu-Nudel-Pfanne

Wenn du dich pflanzlich ernähren willst, kann tatsächlich Tofu einen wertvollen Beitrag zu einer gesunden pflanzlichen Ernährung beitragen. Wie zum Beispiel auch Sojamilch oder andere nicht zu stark verarbeitete Sojaprodukte.

Zutaten

- 120g Vollkorn-nudeln
- 30ml Mandelmilch
- 80g geräucherter Tofu
- 1 Zwiebel

Zubereitung

1. In der Bratpfannen zu erst die Zwiebel scharf an braten.

2. Parallel dazu etwa 400ml Wasser in einem Topf zum kochen bringen.

3. Sobald das Wasser kocht, kannst du die Nudeln hinzufügen.

4. Derweil schneidest du den geräucherten Tofu und gibst ihn ebenfalls in die Bratpfanne.

5. Wenn du Nudeln weich sind, gibst du sie gemeinsam mit der Mandelmilch in die Pfanne und lässt alles noch etwa 5 Minuten lang ziehen.

6. Nach belieben würzen und servieren.

Nährwerte

Kalorien 562 kcal

Fett: 10g

Protein: 31g

KH: 87g

TIPP: Wenn du kurz bevor die Mandelmilch komplett weg ist, noch etwas Frischkäse dazu gibst, schmeckt es sogar noch besser!

27 Minuten

70 Fried Rice Chicken

Wer mich schon länger verfolgt, weiß das ich gerne in Asien unterwegs bin und was ich da wirklich fast jeden Tag esse ist „Fried Rice Chicken" - gibt es da so gut wie an jeder Straßenecke.

Super lecker und nährstoffreich!

Zutaten

....

100g Reis

250g Hähnchen-brust

50g rote Linsen

220g Möhren

50g Erbsen

Etwas Zwiebellauch

Currypulver

....

Nährwerte

Kalorien 936 kcal

Fett: 12g

Protein: 84g

KH: 123g

Zubereitung

1. Die roten Linsen gemeinsam mit dem Reis in einen kleinen Topf zum kochen bringen.

2. Die Hähnchenbrust waschen, schneiden und in einer Bratpfanne an braten.

3. Nach und nach die Möhren und die Erbsen zum Fleisch dazugeben.

4. Sobald das Wasser beim Reis und den Linsen fast komplett eingezogen bzw. verflogen ist, die gesamte Menge in die Pfanne geben.

5. Mit dem Currypulver alles gründlich vermengen und mit Salz und Pfeffer abschmecken.

6. Zum Abschluss den Zwiebellauch untermischen und alles noch etwa 2 Minuten ziehen lassen.

Danach ist es servierfähig sein.

 TIPP: Basmati Reis schmeckt besonders gut dazu.

30 Minuten

71 Nudeln mit Spinat

Besser geht es nicht! Die Vollkornnudeln versorgen dich mit ausreichend komplexen Kohlenhydrate und der Spinat liefert dir nicht nur genug Vitamin -C, sondern auch noch zahlreiche andere Lebenswichtige Mikronährstoffe.

PS: Spinat sollte auch öfters auf deinem Speiseplan stehen!

Zutaten

200g Vollkorn-nudeln

100g getrocknete Tomaten

200g TK-Blattspinat

150g Cherrytomaten

50g geriebener Gouda

40g gehobelte Mandeln

Zubereitung

1. Den TK-Blattspinat in einer Pfanne zum auftauen geben und in einem Topf etwa 400ml Wasser zum kochen bringen.

2. Wenn das Wasser kocht, kannst du die Nudeln in den Topf geben.

3. Anschließend gibst du die beiden Tomatensorten in die Bratpfanne.

4. Sobald die Nudeln weich sind, kommen sie jetzt in die Pfanne dazu und in dem Zuge auch alles gründlich würzen.

5. Zum Schluss noch den Gouda zusammen mit den Mandeln in die Pfanne geben und alles noch etwa 2 Minuten ziehen lassen. So schnell kann es gehen.

Nährwerte

Kalorien 1284 kcal

Fett: 44g

Protein: 58g

KH: 164g

 TIPP: Am besten Vollkornnudeln verwenden, aber wenn es mal keine gibt, dann gehen ausnahmsweise auch mal normale Nudeln.

12 Minuten

72 Thunfisch Brötchen

Thunfisch ist wirklich sehr gut fr dich. Nicht nur weil er dir Omega-3-Fettsäuren liefert, sondern auch lebensnotwendiges Jod und hochwertiges Eiweiß.

Schnell gemachte Mahlzeit - auch für unterwegs geeignet.

Zutaten	Zubereitung

Zutaten

1 Vollkorn-brötchen

1 Ei

10g Frisch-käse 4%

50g Thunfisch

1 Tomate

Römer-salatblatt

Zubereitung

1. Gebe das Ei in eine beschichtete Pfanne und verarbeite es zu einem Spiegelei.

2. In der Zwischenzeit schneidest du das Brötchen auf und beschmierst es mit dem Frischkäse.

3. Den Römersalat auf dem Brötchen verteilen. Ebenso den abgetropften Thunfisch.

4. Sobald das Spiegelei fertig ist, kannst du es oben auf den Thunfisch packen. Brötchen zuklappen und schmecken lassen!

Nährwerte

Kalorien 366 kcal

Fett: 14g

Protein: 27g

KH: 33g

 TIPP: Wenn du schon mal dabei bist, mach dir lieber ein paar Brötchen mehr, weil es wirklich sehr lecker ist.

40 Minuten

73 Möhrchen-Erbsen-Pfanne

In der Möhrchen-Erbsen-Pfanne bekommst du zahlreiche Vitamine mitgeliefert, die unter anderem dein Immunsystem stärken. Ideal für schlechte Wettertage!

Zutaten

125g Reis

200g Putenbrust

100g Möhren

100g Erbsen

3 Eier

Currypulver

Nährwerte

Kalorien
1032 kcal

Fett: 28g

Protein: 78g

KH: 117g

Zubereitung

1. Da er mit am längsten Zeit benötigt, zuerst den Reis in einem Topf geben und zum kochen bringen.

2. Als nächstes bratest du die klein geschnittene Putenbrust scharf an.

3. Sobald die Putenbrust von allen Seiten gut durch aussieht, gibst du die Möhren und die Erbsen dazu. Im Anschluss direkt mit Currypulver würzen.

4. Wenn der Reis fertig ist, dann gibst du ihn auch in die Pfanne und vermengst alles miteinander.

5. Das Ei gibst du als nächstes dazu, wenn die Flüssigkeit in der Pfanne fast komplett verdunstet ist.

Alles noch ca. 4 - 5 Minuten ziehen lassen und ab und zu mal umrühren.

Guten Appetit.

 TIPP: Ich nehme persönlich am liebsten Basmati Reis.

74 Möhrchen-Erbsen-Nudeln

Wie beim Rezept (73) davor, liefern die Möhrchen und Erbsen viele Vitamine, damit dein Immunsystem gestärkt wird. Das solltest du nämlich nicht unbeachtet lassen, da im Falle einer Krankheit, der Kraftsport leider ausfallen muss...

Zutaten

120g Vollkorn-nudeln

2EL Tomatenmark

250g passierte Tomaten

100g rote Linsen

50g Erbsen

100g Paprika rot

200g Möhren

1 Zwiebel

Nährwerte

Kalorien 981 kcal

Fett: 5g

Protein: 55g

KH: 179g

Zubereitung

1. Die roten Linsen in einem Topf zum kochen bringen.

2. Sobald die Linsen fertig sind, gibst du sie zusammen mit den Möhren, der Zwiebel, den Erbsen und der Paprika in die Pfanne. Alles zusammen gut vermengen.

3. In der Zwischenzeit auf jeden Fall ca. 400ml Wasser für die Nudeln in einem Topf zum kochen bringen.

4. Wenn das Wasser im Topf kochst, gibst du die Nudeln dazu.

5. Jetzt kannst du dich entspannt um die Bratpfanne kümmern und den Tomatenmark gemeinsam mit der passierten Tomate einrühren.

6. Alles solange ziehen lassen, bis die Vollkornnudeln fertig sind. Dann kann gegessen werden.

 TIPP: Auch hier empfehle ich dir wieder Vollkornnudeln, da sie nicht wie die normalen Nudeln einfache Kohlenhydrate besitzen, aber wenn du mal keine anderen zur Hand hast, tun sie es auch.

75 Pumper Pizza

Pizzafreunde aufgepasst, jetzt habe ich was ganz heißes für euch und ohne Konservierungsstoffe!
Aber Achtung, hierbei handelt sich lediglich um den Teig. Wenn du eine gesunde Empfehlung für den Belag haben willst, dann check unten den Tipp aus.

Zutaten

180g Weizen-Vollkornmehl

1 Packung frische Hefe (ca.42g)

4TL Honig

30g Tomatenmark

100g geriebener Gouda

120ml warmes Wasser

Nährwerte

Kalorien 1047 kcal

Fett: 23g

Protein: 64g

KH: 146g

Zubereitung

1. Zuerst gibst du die Hefe und den Honig ins warme Wasser und lässt es ca. 15 Minuten ziehen.

2. Wenn die Hefe mit dem Wasser reagiert ist, kannst du nun das Mehl unterkneten. Am besten macht es sich mit den Händen.

3. Den Teig jetzt an einer warmen Stelle im Zimmer ungefähr 30 Minuten stehen lassen.

4. Nach der Zeit, den Teig zu einer kreisförmigen Pizza auf Backpapier mit Backblech formen.

5. Tomatenmark und den Gouda jetzt über den Teig geben.

6. Die Pizza für etwa 20 Minuten Umluft bei 200 Grad backen.

Achtung: Unbedingt unten den Tipp beachten.

TIPP: Um die Pizza gesund zu gestalten, empfehle ich dir zusätzlich als Belag Thunfisch mit Paprika und Zwiebeln.

76 Masse Nudelauflauf

Wie der Name es schon sagt, dieser Masse Nudelauflauf ist so gewaltig. Wer den Auflauf komplett in einem Zug alleine verdrückt, steht anscheinend gut im Futter!

Zutaten

400g Vollkorn-nudeln

400g Hähnchen-brust

200g Möhren

200g Champignons

200g geriebener Gouda

1 Zwiebel

Zubereitung

1. Wasser für die Nudeln zum kochen ansetzen.

2. Parallel dazu kann die Zwiebel zusammen mit der Hähnchenbrust geschnitten und in die Bratpfanne gegeben werden.

3. Zwischendurch das Hähnchen gut würzen und immer mal umrühren.

4. Wenn die Nudeln weich sind, kommen sie als Fundament in die Auflaufform. Gefolgt von der Hähnchenbrust, den gewaschenen Möhren und den Champignons.

5. Anschließend den Käse über die komplette Form geben und für 40 Minuten bei 180°C Umluft im Ofen backen.

   Abkühlen lassen und genießen!

Nährwerte

Kalorien
2511 kcal

Fett: 63g

Protein: 204g

KH: 282g

TIPP: Wenn du mal nicht so viele Kohlenhydrate verdrücken willst, kannst du auch gerne mal Konjak Nudeln dazu probieren.

25 Minuten

77 Gemüserührei mit Reis

Einfach und schnell gemacht - so wie zahlreiche Rezepte in diesem Fitness Kochbuch und dennoch versorgen sie dich mit zahlreichen bzw. vielseitigen Nährstoffen, die dein Körper so sehr benötigt.
Keep it simple!

Zutaten

....

125g Reis

150g Paprikas rot

80g Champignons

4 Zwiebel

50ml Mandelmilch

4 Eier

....

Zubereitung

1. Den Reis in Topf mit ca. 400ml Wasser aufkochen.

2. In der Zeit die Eier aufschlagen und in eine kleine Schale zusammen mit der Milch geben.

3. Das Ei mit der Milch vermengen und in eine beschichtete Bratpfanne anbraten.

4. Wenn der Reis fertig ist, kannst du ihn zum Rührei in die Pfanne dazu geben.

5. Jetzt folgen die Paprika und die Champignons. Alles miteinander verrühren.

6. Nur noch würzen und dann kann schon serviert werden.

Nährwerte

Kalorien 919 kcal

Fett: 31g

Protein: 45g

KH: 115g

 TIPP: Solltest du auf Diät sein, kannst du den Reis einfach weglassen.

High Carb

8 Minuten

78 Rote Bete Brötchen

Beim schreiben dieses Rezeptes fällt es mir gerade erst auf...es ist tatsächlich das einzige Rezept, mit roter Bete, dabei liefert dir rote Bete eine Vielzahl an Mikronährstoffen... Da hilft es nur, direkt ein paar Brötchen mehr zu machen!

Zutaten

50g Rote Bete

1 Apfel

1 Vollkornbrötchen

20g Frischkäse

1 Römersalatblatt

Zubereitung

1. Ganz einfach! Brötchen aufschneiden und mit dem Frischkäse bestreichen.

2. Anschließende das Römersalatblatt und eine große Apfelscheibe auf die eine Brötchenhälfte legen.

3. Danach folgt schon die rote Bete.

4. Brötchen zusammenklappen und schmecken lassen.

Nährwerte

Kalorien 231 kcal

Fett: 3g

Protein: 10g

KH: 41g

 TIPP: Das rote Bete Brötchen ist wirklich sehr lecker, darum rate ich dir, mach lieber direkt ein paar mehr.

79 Zucchini Pfanne

In diesem Fitness Kochbuch kommt die Zucchini tatsächlich öfters vor, aber warum ist das so? Das liegt daran, dass sie wie andere Gemüsesorten, auch eine Vielzahl an Vitaminen, Mineralstoffen und sowie Spurenelementen liefert. Zudem passt sie echt gut zu vielen Rezepten.

Zutaten

200 Rinderhack

125g Reis

1 Zucchini

20g geriebener Gouda

100g Frisch-käse 4%

200g Cherry-tomaten

1 Zwiebel

Zubereitung

1. Mal wieder als erstes den Reis mit ca. 400ml Wasser in einem Topf zum kochen bringen

2. Die Zucchini vierteln und in eine Bratpfanne geben. Gefolgt von der Zwiebel.

3. In der Zwischenzeit die Cherrytomaten halbieren.

4. Sobald die Zucchini schon gut weich ist, gibst du das Rinderhack in die Pfanne dazu.

5. Wenn der Reis fertig ist, nimmst du ihn von der Platte und lässt in an der Seite stehen.

6. Jetzt gibst du die Cherrytomaten in die Pfanne und vermengst sie gemeinsam mit dem Frischkäse.

7. Nach belieben würzen und den geriebenen Gouda kurz vorm servieren on top geben.

Nährwerte

Kalorien 946 kcal

Fett: 26g

Protein: 65g

KH: 113g

38 Minuten

80 Chicken Penne

Einer der besten Wege um Kohlenhydrate und Eiweiß aufzunehmen. Eine Pfanne aus Vollkornnudeln, Brokkoli und Hähnchen!

Zutaten

500g Brokkoli

80g Champignons

250g Vollkorn-nudeln

200g Hähnchen-brust

100g Frisch-käse 4%

Petersilie

Nährwerte

Kalorien 1327 kcal

Fett: 19g

Protein: 100g

KH: 189g

Zubereitung

1. Den Brokkoli vom Strunk trennen und klein schneiden.

2. Anschließend in einen Topf voll mit Wasser weich kochen.

3. Parallel dazu einen weiteren Topf für die Nudeln nehmen und 400ml Wasser zum kochen bringen.

4. In der Zwischenzeit kannst du die Hähnchenbrust kalt abspülen, in kleine Stücke schneiden und scharf anbraten.

5. Champignons abwaschen, schneiden und ebenfalls in die Bratpfanne geben.

6. Wenn die Nudeln und der Brokkoli weich sind, das restliche Wasser abgießen und von der Herdplatte nehmen.

7. Die Hähnchenbrust nach belieben würzen, den Frischkäse untermengen und 2 - 3 Minuten ziehen lassen.

8. Zum servieren alles auf einen Teller geben und schmecken lassen.

 TIPP: Wenn du etwas mehr Flüssigkeit möchtest, dann tausche den Frischkäse gegen fettarmen Naturjoghurt aus.

81 Protein-Reispfanne

Diese Reispfanne hat es wirklich in sich. Viel Volumen, viele gute Kohlenhydrate und eine ordentliche Portion Proteine – und das auch noch vegan. Für mich ist das die ideale Mahlzeit nach einem harten und anstrengendem Workout!

Zutaten

- 125g Reis
- 150g rote Linsen
- 350g Pfannen- gemüse
- 30g Tomatenmark
- 1TL Soja Sauce
- 500ml Wasser

Nährwerte

Kalorien 1032 kcal

Fett: 4g

Protein: 59g

KH: 190g

Zubereitung

1. Zuerst geben wir das TK-Pfannengemüse in eine beschichtete Pfanne und braten es langsam an.

2. Parallel zum TK-Pfannengemüse geben wir den Reis und die roten Linsen in einen Topf mit ca. 500ml Wasser und bringen sie zum kochen.

3. Sobald das Wasser aus dem Kochtopf fast komplett weg ist, geben wir den Reis und die roten Linsen zum Pfannengemüse dazu

4. Noch ca. 5 Minuten braten und mit Knoblauch und Pfeffer abschmecken.

5. Nach den 5 Minuten kommt alles in eine Schale und dann nur noch den Tomatenmark und die Soja Sauce dazugeben und schon kann gegessen werden.

 TIPP: Die Protein-Reispfanne unbedingt mit Kurkuma ausprobieren.

9 Minuten

82 Bananen-Eiweiß-Rührei

Ebenfalls perfekt für nach dem Training ist dieses süße Bananen-Rührei. Die schnellen Kohlenhydrate aus der Banane versorgen unsere leeren Muskelspeicher schnell mit Energie, während die Haferflocken uns nachhaltig sättigen.

Die Zubereitung ist zudem kinderleicht und dauert keine 10 Minuten.

Zutaten

....

200g Banane

3 Eier

50g feine Haferflocken

30g Vanille-Whey

Zimt

Zubereitung

1. Einfach die Eier in eine große Schale schlagen und mit den Haferflocken und dem Proteinpulver vermengen.

2. Danach die Bananen mit einer Gabel zu Brei verarbeiten und zusammen mit dem Zimt alles miteinander gut verrühren.

3. Als letztes alles in eine erhitzte Pfanne geben und so lange braten bis alles schön durch ist.

....

Nährwerte

Kalorien 772 kcal

Fett: 28g

Protein: 54g

KH: 76g

 TIPP: Wenn du eine gut beschichtete Pfanne besitzt, kannst du außerdem warten bis die untere Seite komplett durch ist, um dann alles mit einmal zu wenden. So erhältst du einen schönen Pancake.

23 Minuten

83 Couscous Salat

Eine willkommene Alternative zur Reispfanne in dieser leckere Couscous-Salat. Sowohl warm, als auch kalt. Er hat viel Protein, viele Vitamine und wenig Fett.

Zutaten

200g Couscous

50g Fetakäse

250ml Wasser

30g Tomatenmark

100g Paprika rot

100g Tomate

250g Gurke

20g Schnittlauch

Zubereitung

1. Zu Beginn wird der Couscous und das Tomatenmark in eine große Schüssel gegeben und mit kochendem Wasser übergossen. Das Ganze sollte circa 5 Minuten lang ziehen.

2. Währenddessen schneidest du den Feta und das Gemüse in kleine Würfel bzw. Scheiben und gibst sie anschließend mit in die Schüssel und verrührst alles.

3. Am Ende kannst du den Salat mit Salz und Pfeffer abschmecken.

Nährwerte

Kalorien 929 kcal

Fett: 17g

Protein: 40g

KH: 154g

 TIPP: Es muss nicht unbedingt Couscous sein, aber als Alternative zum Reis mal eine gelungene Abwechslung.

84 Warmes Quinoa Müsli

Quinoa ist ein wahres Superfood. Es enthält alle essentiellen Aminosäuren, steckt voller Vitamine und Mineralstoffe und wurde wurde sogar zur "Pflanze des Jahres 2013" gekürt. Und es schmeckt ...

Diese Zubereitung für dieses Müsli funktioniert wie folgt:

Zutaten

80g Quinoa

100g Banane

200ml Wasser

30g Rosinen

10g Leinsamen

10g gehobelte Mandeln

Zubereitung

1. Als erstes erhitzt du in einem Topf ungefähr die doppelte Menge an Wasser vom Quinoa. In meinem Fall sind das circa 160 - 200ml.

2. Wenn das Wasser kocht gibst du das Quinoa hinzu und verringerst etwas die Hitze des Herds. Wenn das Quinoa ordentlich kocht, steigen kleine pilzförmige Blasen nach oben. Das ist ein gutes Zeichen für die richtige Temperatur.

3. Währenddessen kannst du die Banane in kleine Scheiben schneiden.

4. Nach kurzer Zeit ist sämtliches Wasser vom Quinoa eingezogen bzw. verdampft.
Nun gibst du alle Zutaten in eine kleine Schüssel.

Nährwerte

Kalorien
565 kcal

Fett: 13g

Protein: 17g

KH: 95g

 TIPP: Je nach Geschmack kannst du nun noch Zimt oder Stevia zum warmen Quinoa Müsli hinzugeben.

High Carb

10 Minuten

85 Kraft Müsli

Das Kraft-Müsli erfüllt alle Kriterien, die man an eine gute Postworkout-Mahlzeit haben kann. Schnell, lecker und gibt viel Energie. Besonders lecker und frisch ist dieses Müsli natürlich durch das viele Obst.

Die perfekte Abkühlung nach einem fordernden Training also!

Zutaten	Zubereitung

Zutaten

80g Haferflocken

150ml Milch

100g Banane

100g Blaubeeren

30g Vanille-Whey

15g Cashewkerne

10g getrocknete Cranberries

Zubereitung

1. Die Zubereitung ist sehr einfach. Es muss lediglich die Banane geschnitten werden.

2. Danach werden alle Zutaten in einer Schale vermengt.

3. Mit etwas Zimt oder Stevia kann das Müsli noch etwas aufgewertet werden, was aber eigentlich nicht Notwendig ist, da die Früchte schon sehr süß sind.

Nährwerte

Kalorien 711 kcal

Fett: 15g

Protein: 47g

KH: 97g

 TIPP: Wer mag, kann sich die Milch auch vorher warm machen.

Das Fitness Kochbuch

LOW CALORIE

„Das Leben ist lang, wenn man es zu gebrauchen versteht."

- Seneca

30 Minuten

86 Konjak Zucchini Pfanne

Gerade in der Diät ist dieses Gericht echt eines meiner Highlights! Denn selbst wenn ich Defizit bin, möchte ich auch dann nicht wirklich hungern. Darum ist dieses Meal so praktisch, weil sie auf solch einem riesigen Volumen gerade mal 448 Kalorien hat. Am Anfang viel es mir sogar schwer, die gesamte Portion auf Anhieb zu schaffen....

Zutaten

350g TK-Gemüse-pfanne

30g Frisch-käse 4%

750g Zucchini

400g Konjak Nudeln

60ml Tomaten Ketchup

Nährwerte

Kalorien
305 kcal

Fett: 5g

Protein: 24g

KH: 41g

Zubereitung

1. Die gut gewaschene Zucchini mit einem Spiralschneider zu Spaghetti verarbeiten, in eine beschichtet Pfanne geben und erhitzen.

2. Im Anschluss das TK-Gemüse mit in die Pfanne geben und alles gut vermengen.

3. Sobald die Flüssigkeit fast weg ist, den Ketchup und den Frischkäse unterrühren und einige Minuten alles ziehen lassen.

4. In der Zwischenzeit die Konjak Nudeln in einem Sieb waschen und dazugeben.

5. Nach etwa 5 Minuten sollten die Konjak Nudeln auch warm sein. Jetzt noch alles nach belieben würzen und schon kann gegessen werden.

 TIPP: Wer keinen Spiralschneider zur Hand hat, kann die Zucchini natürlich auch so ran schneiden.

18 Minuten

87 Garnelen Salat

Der Garnelen Salat hat es wirklich in sich was die Mikros betrifft und durch die Garnelen bekommst du auch noch eine gute Portion Proteine mitgeliefert. Des Weiteren ist der Salat ein echter Low Calorie Traum!

Zutaten

Zubereitung

60g Garnelen

250g Feldsalat

60g Cherrytomaten

200g Paprika rot

200g Karotten

Kräuter-gewürze

1. Zunächst wird der Feldsalat gründlich gewaschen und in eine etwas größere Schale gegeben.

2. Als nächstes werden die gut geputzten Karotten zerkleinert und zum Feldsalat dazu gegeben.

3. Danach folgen die Paprika und die Tomaten.

4. Alles gut würzen und gründlich vermischen.

5. Zu guter Letzt kommen on top noch die Garnelen. Fertig - und schon kann gegessen werden.

Nährwerte

Kalorien
222 kcal

Fett: 2g

Protein: 20g

KH: 31g

 TIPP: Wem das schnippeln noch nicht reicht, der sollte zusätzlich zum Salat noch Radieschen hinzufügen.

12 Minuten

88 Kräuterrührei

Das Kräuterrührei ist nicht nur zum Frühstück ein wahrer Genuss, sondern immer! Durch seine wenigen Kalorien eignet es sich tatsächlich auch als etwas größerer Snack für zwischendurch.

Zutaten

Petersilie

4 Eier

15ml Milch

Gewürze

Zubereitung

1. In eine Schale die Milch geben und zusammen mit den Eiern verquirlen.

2. Eine kleine Hand voll Petersilie untermengen und die gesamte Masse in eine beschichtete Pfanne geben. Wer keine beschichtete Pfanne zur Hand hat, sollte sie etwas mit Kokosöl einfetten, damit nichts anbackt.

3. Das Ei bei mittlerer Hitze durchziehen lassen.

4. Nach etwa 4 bis 5 Minuten sollte das Kräuterrührei fertig sein und kann noch mit Gewürzen (Knoblauch und oder Paprika rosenscharf) abgeschmeckt werden.

Nährwerte

Kalorien
372 kcal

Fett: 28g

Protein: 29g

KH: 1g

★ **TIPP:** Das Kräuterrührei schmeckt mit Cherrytomaten sogar noch besser. Einfach kurz vor der Fertigstellung ein paar Cherrytomaten in die Pfanne mit reinschneiden.

89 Der Klassiker

Genauso wie es der Magerquark in etlichen Variationen ein Klassiker im Fitnessbereich ist, ist es auch die gute alte Pute mit Brokkoli und Reis. Aber um wirklich Low Calorie unterwegs zu sein, lassen wir den Reis heute mal ausnahmsweise weg.

Zutaten

- 200g Putebrust
- 400g TK-Brokkoli
- 0,5 Zitrone
- 2 Knoblauch-zehen
- Petersilie

Zubereitung

1. Die Knoblauchzehen schälen und klein schneiden oder zerhacken.

2. Sobald der Knoblauch warm geworden ist, kommt der TK-Brokkoli in die Pfanne mit dazu.

3. Nach ca. 8 - 10 Minuten sollte der Brokkoli langsam aufgetaut sein und jetzt wird es an der Zeit, auch die Pute dazu zu tun.

4. Das ganze noch mal etwa 8 -10 Minuten brutzeln lassen und dann den Zitronensaft dazugeben.

5. Noch 1 bis 2 Minuten ziehen lassen und nebenbei nach belieben würzen.

Fertig ist der Low Calorie Klassiker.

Nährwerte

Kalorien 306 kcal

Fett: 6g

Protein: 53g

KH: 10g

 TIPP: Anstatt Putenbrust kann gerne auch Hähnchenbrust genommen.

90 Zucchini-Pfanne

Das ist wirklich eine Bombe! Und damit meine ich nicht die Kalorien, die du mit dieser Mahlzeit zu dir nimmst, sondern das Volume! Wenn du diese Zutaten wirklich so Eins-zu-eins übernimmst, wirst du sehen, dass es wirklich eine ordentliche Portion ist.

Zutaten

············

1 Zucchini

200g Paprika rot

80g Champignons

0,5 Dose Kidney-bohnen

10ml Olivenöl

50g Frisch-käse 4%

2 Knoblauch-zehen

1 Zwiebel

············

Nährwerte

Kalorien 284 kcal

Fett: 8g

Protein: 19g

KH: 34g

Zubereitung

1. Das Öl in die Pfanne geben und warm werden lassen.

2. Knoblauch zerkleinern und Zwiebel schneiden. Alles gemeinsam in die Pfanne an brutzeln.

3. In der Zeit wo die Zwiebel und der Knoblauch vor sich hin brutzeln, vierteln wir die gut abgewaschene Zucchini.

4. Die Zucchini brauch eine Weile, um richtig weich zu werden. Die Zeit nutzen wir aber und waschen und schneiden die Pilze und die Paprika.

5. Sobald wir fertig mit schneiden sind, geben wir die Pilze und die Paprika auch zur Pfanne dazu und lassen alles gemeinsam vor sich hinziehen. Regelmässig umrühren nicht vergessen!

6. Nach einigen Minuten sollte alles gut weich sein. Jetzt kommen noch die Kidneybohnen in die Pfanne und ebenso die Gewürze.

7. Zum Abschluss kommt noch der Frischkäse oben drauf und die gesamte Masse wird noch mal umgerührt. Nach etwa 2 Minuten ist die Zucchini-Pfanne servierfähig.

16 Minuten

91 Tomatensuppe

Wer keine Lust auf eine mit geschmacksverstärkende Tomatensuppe hat, ist hier genau richtig! Schnell gemacht, super lecker und zudem hat sie auch noch extrem wenig Kalorien. Optimal für eine Diät!

Zutaten

Zubereitung

140g
Cherrytomaten

1. Zwiebel und Knoblauch schälen und in einen kleinen Topf zusammen mit dem Olivenöl erhitzen.

250ml
passierte
Tomaten

2. Sobald die Zwiebeln und der Knoblauch im Topf brutzeln, den Tomatenmark dazu geben .

2 Knoblauch-
zehen

1 Zwiebel

3. Etwa 2 Minuten ziehen lassen und in der Zeit die Cherrytomaten halbieren.

1EL
Tomatenmark

4. Die halbierten Cherrytomaten in den Topf geben.

10ml Olivenöl

5. Im Anschluss die passierten Tomaten dazu vermengen und leicht zum kochen bringen. Fertig ist die Tomatensuppe ohne Geschmacksverstärker.

Nährwerte

Kalorien
160 kcal

Fett: 4g

 TIPP: Schmeckt richtig gut mit etwas Blattspinat dazu.

Protein: 8g

KH: 23g

Das Fitness Kochbuch sjardfitness.de

DESSERTS

*„Eine Reise mit tausend Meilen beginnt
mit einem kleinen Schritt.."*

- Laozi

92 Kleiner Kuchen

Der kleine Kuchen ist perfekt fürs Frühstück, da er relativ schnell zubereitet ist und dich durch die komplexen Kohlenhydrate mit genügend Power versorgt. Zudem ist er auch sehr wohlschmeckend.

Zutaten	*Zubereitung*

Zutaten

2,5 Banane

1 Ei

50g Haferflocken

50g Erdbeeren

50g Magerquark

0,5 Backpulver

1EL Honig

Kakaopulver

Zubereitung

1. In einer Schale die Bananen mit einer Gabel zerquetschen.

2. Anschließen alle weiteren Zutaten, bis auf die Erdbeeren in die Schale dazugeben und gründlich durchmengen.

3. Jetzt noch die Erdbeeren untermengen und danach die ganze Masse in eine kleine Auflaufform geben. Je nachdem wie deine Auflaufform beschichtet ist, ggf. vorher etwas einfetten.

4. Für etwa 25 Minuten das Ganze im Backofen bei 160°C erhitzen lassen.

5. Danach abkühlen lassen und mit etwas Honig und Kakaopulver nach belieben verzieren.

Nährwerte

Kalorien 600 kcal

Fett: 12g

Protein: 23g

KH: 100g

TIPP: Wer aus dem kleinen Kuchen eine richtige Proteinbombe machen will, kann noch 30g von seinem Lieblings-Proteinpulver hinzugeben.

10 Minuten

93 Mikrowellenkuchen

Noch schneller zubereitet, als der schon erwähnte kleine Kuchen, aber dafür kommt dieser auch in die Mikrowelle... Wer mich schon länger verfolgt, der sollte eigentlich wissen, dass ich kein großer Fan von der Mikrowelle bin, aber das ist ein anderes Thema. Denn wenn es mal richtig schnell gehen soll, dann muss sie halt mal her halten.

Zutaten

50g Erdbeeren

1 Banane

2 Eier

100g Haferflocken

20g Magerquark

30g Vanille-Whey

Zubereitung

1. Am besten fängst du damit an, die Banane in einer größeren mikrowellentauglichen Schale zu zerquetschen.

2. Alle Zutaten bis auf die Erdbeeren hinzufügen und gründlich verrühren.

3. Je nach Wattzahl die gesamte Masse für 2 - 3 Minuten in die Mikrowelle stellen.

4. Jetzt noch die Erdbeeren oben drauf und fertig.

Nährwerte

Kalorien
775 kcal

Fett: 23g

Protein: 55g

KH: 87g

 TIPP: Anstatt Erdbeeren kannst du auch gerne andere Früchte wie Blaubeeren oder Himbeeren ausprobieren.

30 Minuten

94 Pancakes

Schmackhafte Pancakes dürfen bei den Desserts bzw. bei einem Fitnesskochbuch natürlich nicht fehlen.

Schnell und einfach zubereitet.

Zutaten

....

30g Vanille-Whey

50g Instant Oats

20ml Reismilch

2 Bananen

1 Ei

....

Nährwerte

Kalorien
590 kcal

Fett: 14g

Protein: 37g

KH: 79g

Zubereitung

1. Zwei am besten reife Bananen in einer Schale zerquetschen.

2. Alle weiteren Zutaten untermengen und verrühren.

3. In einer Pfanne etwas Kokosöl erhitzen und einen kleinen Teil vom Teig hineingeben.

Achtung: Mach lieber etwas kleinere Pancakes, damit du sie ordentlich gewendet bekommst in der Pfanne. Andernfalls zerbrechen sie dir eventuell.

Mit dem Teig solltest du etwa 7 - 8 Pancakes hinbekommen.

TIPP: Bei der Milch kannst du gerne variieren. Mandel- oder Hafermilch schmecken auch sehr gut dazu.

13 Minuten

95 Selbstgemachter Vanille Haferbrei

Beim schreiben dieses Rezeptes, bekomme ich direkt Lust, mir auch noch mal direkt einen Haferbrei zu machen. :)

Zutaten | *Zubereitung*

250ml Vanille Milch

140g Haferflocken

50g Himbeeren

30g Vanille-Whey

1. Zunächst wird die Vanille Milch in einem Topf erhitzt.

2. Sobald die Milch kocht, kommen die Haferflocken dazu und werden untergerührt. Unbedingt die Temperatur komplett runterdrehen, damit nichts am Topfboden anbackt.

3. Direkt danach das Whey und die Himbeeren dazugeben und noch einmal gründlich durchmixen. Fertig ist der selbstgemachte Vanille Haferbrei.

Nährwerte

Kalorien 756 kcal

Fett: 16g

Protein: 52g

KH: 101g

 TIPP: Wenn du es unbedingt noch süßer haben willst, kann ich dich nicht davon abhalten ,wenn du Stevia benutzt, obwohl es schon ziemlich süß ist.

25 Minuten

96 Großer Protein Kuchen

Für dieses Gericht benötigst du eine größere Backform oder du nimmst mehrere kleinere Formen zur Hand. Im Grunde ist es das gleiche - ein ideales Proteindessert für zwischendurch.

Zutaten

....

30g Haferflocken

30g Vanille-Whey

2 Eier

1TL Backpulver

10g gehobelte Mandeln

200g fettarmer Joghurt

1TL Vanillepuder

....

Zubereitung

1. Nach und nach alle Zutaten in einer größeren Schale mit einem Stabmixer vermengen.

2. Die gesamte Masse in eine Auflaufform geben, aber diese vorher unbedingt einfetten, damit der Kuchen nach dem backen, wieder herausgenommen werden kann.

3. Nach etwa 15 Minuten bei 150°C Umluft, sollte der große Protein Kuchen fertig sein.

Abkühlen und schmecken lassen.

Nährwerte

Kalorien 598 kcal

Fett: 26g

Protein: 54g

KH: 37g

 TIPP: Bevor du den Kuchen in den Backofen schiebst, streusel noch etwas Kokosraspeln über den Teig.

Dessert

50 Minuten

97 Mohnkuchen

Ja, auch als Fitnessmodel will man nicht auf Kuchen verzichten und da kommt das folgende Rezept schon sehr gelegen. Zudem kommt dazu, dass der selbstgemachte Mohnkuchen einen relativ hohen Anteil an Proteinen hat und sehr wenig Zucker.

Zutaten

10g
Kokosrapseln

80g
Kokosmehl

3 Eier

100g
backfertiger
Mohn

100g Butter

1EL Agaven-
dicksaft

1TL
Backpulver

Zubereitung

1. Starte damit, dass du die Butte im Topf oder in der Mikrowelle geschmolzen bekommst.

2. Das Mehl und die zerlaufende Butter in eine Schale zum anrühren geben.

3. Im nächsten Schritt folgen die anderen Zutaten alle.

4. Der Teig kommt jetzt in eine eingefettete Backform und für etwa 35 bis 40 Minuten bei 160 Grad Umluft in den Backofen.

   Nach der Backzeit nur noch abkühlen lassen.

Nährwerte

Kalorien
1434 kcal

Fett: 118g

Protein: 44g

KH: 49g

 TIPP: Den backfertigen Mohn findest du auf jeden Fall bei Rewe im Sortiment.

98 Magerquark-Traum

Ich liebe Quark einfach. Die Zubereitungsmöglichkeiten von Quark sind endlos und er eignet sich besonders gut als eiweißreicher Snack oder Nachtisch.

Zutaten

250g Magerquark

20g Leinöl

30g Blaueren

Stevia

Zubereitung

1. Für diesen süßen Quark benötigst du lediglich eine kleine Schale. In diese gibst du den Quark hinein und gießt das Leinöl drüber.

2. Als nächstes noch eine Prise Stevia und alles ordentlich vermischen.

3. Zum Schluss gibst du noch etwas Beeren dazu.

Ich bevorzuge Blaubeeren. Erdbeeren, Himbeeren oder Heidelbeeren sind aber auch super.

Nährwerte

Kalorien
339 kcal

Fett: 19g

Protein: 30g

KH: 12g

 TIPP: Beim Magerquark sind dir keine Grenzen gesetzt. Versuche ihn unbedingt auch mal mit Zimt oder Proteinpulver!

5 Minuten

99 Chia-Samen-Pudding

Du suchst eine gesunde Alternative zu mit Zucker vollgestopften Puddings und Joghurts? Dann ist dieser Pudding aus Chia-Samen perfekt für dich geeignet!

Die Zubereitung ist auch hier kinderleicht.

Zutaten | *Zubereitung*

20g Chia-Samen

60ml Hasel-nussmilch

1EL Kokosraspeln

1. Einfach alle Zutaten miteinander vermischen, in ein Glas geben und über Nacht in den Kühlschrank stellen.

2. Nach einer Nacht im Kühlschrank ist der Chia-Samen-Pudding servierfertig.

Nährwerte

Kalorien 140 kcal

Fett: 12g

Protein: 5g

KH: 3g

 TIPP: Auch hier lohnt es sich, direkt etwas mehr zu machen, da der Pudding sehr lecker und erfrischend ist.

100 Himbeereis

Auch zu herkömmlichen Eis gibt es eine "fitte" Alternative mit wenig Zucker, mehr Eiweiß als üblich und echten Obst – nicht nur Geschmacksverstärkern.

Zutaten

250g tiefgefrorene Himbeeren

200g Griechischer Joghurt

20g Agaven-dicksaft

Zubereitung

1. Für dieses Sommer-Dessert pürierst du die Himbeeren klein und vermischt sie mit dem Joghurt und dem Agavendicksaft.

2. Die fertige Masse gießt du in einen wiederverschließbaren Gefrierbeutel und lässt diesen mindesten 4 bis 5 Stunden lang in einem Gefrierfach gefrieren.

3. Nachdem das Dessert 4 bis 5 Stunden im Gefrierfach verweilt hat, ist es auch schon bereit, vernascht zu werden.

Nährwerte

Kalorien 377 kcal

Fett: 21g

Protein: 12g

KH: 35g

★ **TIPP:** Wenn du den Geschmack noch intensiver haben willst, dann füge noch Himbeer-Whey dazu, bevor du die Masse in das Gefrierfach steckst.

7 Minuten

101 Avocado-Mango-Joghurt

Zum Abschluss noch ein weiterer leckerer und gesunder Joghurt. Besonders die Fette aus der Avocado sind sehr gesund und wirken sich super auf unser Wohlbefinden aus.

Zutaten

250g Naturjoghurt

50g reife Avocado

50g weiche Mango

20g Bananen-Whey

Nährwerte

Kalorien 359 kcal

Fett: 15g

Protein: 31g

KH: 25g

Zubereitung

1. Auch bei diesem Dessert müssen lediglich alle Zutaten verkleinert werden. Entweder mit der Gabel oder dem Mixer. Ich bevorzuge hier den Mixer, da der Joghurt so schön luftig und schaumig wird.

 TIPP: Auch hier kannst du natürlich andere Protein-pulversorten ausprobieren. Mir gefällt der Bananen-geschmack hier sehr gut.

Ich will diesen Sport von Grund auf verändern. Hilfst Du mir dabei?

Kraftsport ist im Kern wohl einer der schönsten Dinge auf diesem Planeten und ein unfassbar wertvoller Meister für zig tausende Menschen überall auf der Welt, doch etwas stimmt mit meiner großen Liebe leider nicht ...

Hungrige Investoren und profitgierige Marketing-Haie haben nicht lange gebraucht um zu realisieren, dass Fitness ein fettes Geschäft sein kann und Supplemente ein Multi-Milliarden-Business ist. Doch hier ist die Wahrheit über Supplemente:

Während einige wenige Supplemente definitiv helfen, werden sie dennoch *NICHT* herausragende Athleten und Körper produzieren. Zumindest nicht in dem Ausmaß, wie es uns immer verkauft wird. Dazu sind nur Training und Ernährung im Stande (so wie ich es dir gleich ausführlich erklären werde).

Die allermeisten Supplemente werden von Bankiers und Vorsitzräten entworfen, mit dem Ziel, den maximalen Profit aus den Träumen anderer zu erwirtschaften. Sie werden aber nicht entworfen von echten Athleten, die sich tatsächlich Tag ein und Tag aus seit Jahren mit dem Kraftsport beschäftigen und sich einfach nur verbessern und ihre Ziele erreichen wollen.

Aus diesem Grund sind die meisten Supplemente am besten für die Toilette geeignet. Sie sind häufig katastrophal unterdosiert, haben keinen wissenschaftlichen Hintergrund, leiden an mangelnder Transparenz über die einzelnen Inhaltsstoffe und bestehen häufig aus billigen Füllstoffen, die traurigerweise keinerlei Wirkung auf uns Menschen haben. Diese Liste geht leider endlos so weiter ...

Ich war selber Opfer exakt dieser Supplemente. Opfer der immer selben Versprechen von eingekauften Anabolika-Helden auf den Beschreibungen. Opfer der irreführenden Kampagnen und den wundersamen versprochenen Wirkungen ...

Dies ist unteranderem auch der Grund, warum ich dieses Buch geschrieben habe. Doch damit soll und darf es nicht aufhören ...

Also habe ich mich entschieden auch die Supplemente-Industrie von innen heraus zu revolutionieren und selber Produkte zu erstellen, für die ich mein Herz und meine Hand ins Feuer legen würde.

Bin ich also in Wirklichkeit nur ein weiterer Heuchler, der auf Hexenjagd im Internet geht, den erhobenen Finger auf alle anderen zeigt und versucht sich dadurch selbst besser zu machen, doch im Grunde das selbe perverse

Spiel spielt? Nicht ganz. Höre mir einen Moment zu und entscheide dann einfach selbst …

Was niemand von uns braucht sind weitere aufgeblasene Kampagnen mit leeren Versprechen und Produkten, die die selbe Wirkung wie Steroide erzielen sollen und uns helfen auf magische Weise binnen weniger Wochen unseren Traumkörper ohne eigene Arbeit zu erreichen. Das braucht echt niemand … Und doch glaube (und kämpfe) ich an die Veränderung dieser eigentlich so wunderbaren Industrie und all dem, was sie für jeden einzelnen Athleten bewirken kann.

Doch wir müssen die Dinge endlich anders angehen. In unserem Training. In unser Ernährung und in der Wahl unserer Supplemente.

Aus diesem Grund habe ich *QUANTUN LEAP NUTRITION* gegründet.

Nicht nur entwicklen wir einzigartige Produkte und fokussieren uns exklusiv auf Inhaltsstoffe, die wirklich einen Nutzen haben. Wir sind auch eine neue Bewegung. Wir sind Teil einer neuen und besseren Fitness-Generation. Wir verwenden ausschließlich:

• **Transparente Produktformeln und Inhaltsstoffe.** Weder verstecken wir uns hinter ausgefallenen Namen, noch verfälschen wir unsere Mengen. Du bekommst exakt das, wofür du auch zahlst.

• **100% korrekte Dosierungen und Wirkstoffe.** Unsere Inhalte beruhen auf neusten wissenschaftlichen Erkenntnissen und klinisch korrekten Mengen, für echte spürbare Wirkungen.

• **100% Made in Germany.** Wir achten ausschließlich auf Premium Qualität mit dem Siegel Made in Germany.

Supplemente von QUANTUM LEAP NUTRITION zählen nicht nur zu den ehrlichsten in der Branche, sondern sie erzielen auch ECHTE RESULTATE, die man sehen und spüren kann. Als neuer Leser der Fitness Fibel 2.0 will ich dir 10% Rabatt für deine erste Bestellung in meinem Shop schenken. Spare mit diesem Code:

FFK10

Gib einfach den Code am Ende deiner Bestellung ein und spare 10% auf deine gesamte Bestellung.

Besuche Jetzt:
WWW.QUANTUMLEAPFITNESS.DE
und spare 10%

FITNESS FIBEL
AKADEMIE

Der Ort, an dem all die Wunder jeden Tag passieren ...

FITNESS FIBEL
AKADEMIE

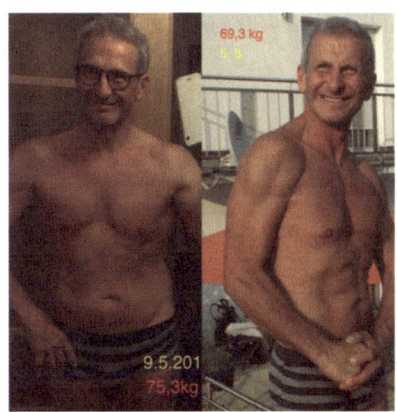

FITNESS FIBEL
AKADEMIE

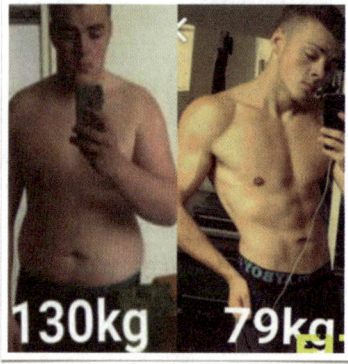

Erfahre mehr auf:

https://www.sjardfitness.de/private-session/

Willst Du die nächste Transformation sein?

Ich weiß, wie schmerzhaft und bitter es sein kann, wenn sich gefühlt ständig nur im Kreis dreht, wenn es einfach nicht vorangeht und es aus irgendeinem Grund immer nur die anderen sind, die wirklich grandiose Fortschritte machen ...

Manchmal ist es eben nicht leicht. Es gibt zu viele Informationen, zu viel Verwirrung und zu viele Meinungen - und nicht selten ist man als Athlet hoffnungslos überfordert und weiß gar nicht mehr so recht, wo man denn eigentlich anfangen soll und wem man trauen kann.

Aus diesem Grund habe ich die Fitness Fibel 2.0 und dieses Kochbuch geschrieben. Die Fibel liefert dir alle Taktiken und Strategien für den Start und sie ist bereits für hunderte unglaubliche Transformationen - doch manchmal ist auch ein Buch eben nicht gut genug ...

Wenn du also:

- Hilfe bei Umsetzung benötigst
- Dir eine persönliche Betreuung wünschst
- Du dein Training zu 100% individuell perfektionieren willst
- Die Ernährung endlich verständlich erklärt bekommst
- Dein Ziel nicht nur schneller, sondern definitiv erreichen willst

Dann melde dich bei mir und wir verbinden zusammen die neuste Wissenschaft mit jahrelang gelebter Praxis und du bekommst die 1:1 Unterstützung von einem echten Athleten, damit du dein langersehnten Ziele schneller als jemals zuvor erreichen kannst.

Bewirb dich einfach auf ein kostenloses Erstgespräch mit mir:

https://www.sjardfitness.de/private-session/

Notizen

Notizen

Das Fitness Kochbuch

Notizen

Notizen

Quellen

Mythen und Irrtümer

1. Deutsche Gesellschaft für Ernährung e.V., "So dick war Deutschland noch nie", Presseinformation: Presse, DGE aktuell, 2017 03/2017 vom 01. Februar

2. Johnston CS, Tjonn SL, Swan PD, White A, Hutchins H, Sears B., "Ketogenic low-carbohydrate diets have no metabolic advantage over nonketogenic low-carbohydrate diets", Am J Clin Nutr. 2006 May;83(5):1055-61.

3. JS Volek, MJ Sharman, AL Gómez, DA Judelson, MR Rubin, G Watson, B Sokmen, R Silvestre, DN French, WJ Kraemer, "Comparison of energy-restricted very low-carbohydrate and low-fat diets on weight loss and body composition in overweight men and women", Nutr Metab (Lond). 2004; 1: 13. Published online 2004 Nov 8. doi: 10.1186/1743-7075-1-13

4. Yancy WS Jr, Olsen MK, Guyton JR, Bakst RP, Westman EC, "A low-carbohydrate, ketogenic diet versus a low-fat diet to treat obesity and hyperlipidemia: a randomized, controlled trial", Ann Intern Med. 2004 May 18;140(10):769-77

5. Mettler S, Mitchell N, Tipton KD, "Increased protein intake reduces lean body mass loss during weight loss in athletes",Med Sci Sports Exerc. 2010 Feb;42(2): 326-37. doi: 10.1249/MSS.0b013e3181b2ef8e

6. Smith J, Mc Naughton L., "The effects of intensity of exercise on excess postexercise oxygen consumption and energy expenditure in moderately trained men and women", Eur J Appl Physiol Occup Physiol. 1993;67(5):420-5

7. Stiegler P, Cunliffe A., "The role of diet and exercise for the maintenance of fat-free mass and resting metabolic rate during weight loss", Sports Med. 2006;36(3): 239-62

8. Churchward-Venne TA1, Murphy CH, Longland TM, Phillips SM, "Role of protein and amino acids in promoting lean mass accretion with resistance exercise and attenuating lean mass loss during energy deficit in humans", Amino Acids. 2013 Aug;45(2):231-40. doi: 10.1007/s00726-013-1506-0. Epub 2013 May 5

9. Johnston CS, Tjonn SL, Swan PD, White A, Hutchins H, Sears B., "Ketogenic low-carbohydrate diets have no metabolic advantage over nonketogenic low-carbohydrate diets", Am J Clin Nutr. 2006 May;83(5):1055-61.

10. Phillips SA, Jurva JW, Syed AQ, Syed AQ, Kulinski JP, Pleuss J, Hoffmann RG, Gutterman DD., "Benefit of low-fat over low-carbohydrate diet on endothelial health in obesity", Hypertension. 2008 Feb;51(2):376-82. doi: 10.1161/ HYPERTENSIONAHA.107.101824. Epub 2008 Jan 14

11. Sacks FM, Bray GA, Carey VJ, Smith SR, Ryan DH, Anton SD, McManus K, Champagne CM, Bishop LM, Laranjo N, Leboff MS, Rood JC, de Jonge L, Greenway FL, Loria CM, Obarzanek E, Williamson DA., "Comparison of weight-loss diets with different compositions of fat, protein, and carbohydrates", N Engl J Med. 2009 Feb 26;360(9):859-73. doi: 10.1056/NEJMoa0804748

12. Skein M, Duffield R, Kelly BT, Marino FE, "The effects of carbohydrate intake and muscle glycogen content on self-paced intermittent-sprint exercise despite no knowledge of carbohydrate manipulation", Eur J Appl Physiol. 2012 Aug;112(8): 2859-70. doi: 10.1007/s00421-011-2253-0. Epub 2011 Dec 3

13. Haff GG, Lehmkuhl MJ, McCoy LB, Stone MH, "Carbohydrate supplementation and resistance training", J Strength Cond Res. 2003 Feb;17(1):187-96

14. American College of Sports Medicine, "American College of Sports Medicine position stand. Progression models in resistance training for healthy adults", Med Sci Sports Exerc. 2009 Mar;41(3):687-708. doi: 10.1249/MSS.0b013e3181915670

15. Lane AR, Duke JW, Hackney AC, "Influence of dietary carbohydrate intake on the free testosterone: cortisol ratio responses to short-term intensive exercise training", Eur J Appl Physiol. 2010 Apr;108(6):1125-31. doi: 10.1007/s00421-009-1220-5. Epub 2009 Dec 20

16. Vøllestad NK, Blom PC, "Effect of varying exercise intensity on glycogen depletion in human muscle fibres", Acta Physiol Scand. 1985 Nov;125(3):395-405

17. Costill DL, Hargreaves M, "Carbohydrate nutrition and fatigue", Sports Med. 1992 Feb;13(2):86-92

18. Karl-Erik Olsson, Bengt Saltin, "Variation in Total Body Water with Muscle Glycogen Changes in Man" First published: September 1970, DOI: 10.1111/j.1748-1716.1970.tb04764.x

19. Maarten R Soeters, Nicolette M Lammers, Peter F Dubbelhuis, Marie¨tte T Ackermans, Cora F Jonkers-Schuitema, Eric Fliers, Hans P Sauerwein, Johannes M Aerts, and Mireille J Serlie, "Intermittent fasting does not affect whole-body glucose, lipid, or protein metabolism", First published September 23, 2009, doi: 10.3945/ ajcn.2008.27327, Am J Clin Nutr November 2009

20. Informed Health Online [Internet], "How does the liver work?", Last Update: August 22, 2016; Next update: 2019

21. Durrant ML, Garrow JS, Royston P, Stalley SF, Sunkin S, Warwick PM, "Factors influencing the composition of the weight lost by obese patients on a reducing diet", Br J Nutr. 1980 Nov;44(3):275-85

22. Hunter GR1, Weinsier RL, Gower BA, Wetzstein C, "Age-related decrease in resting energy expenditure in sedentary white women: effects of regional differences in lean and fat mass", Am J Clin Nutr. 2001 Feb;73(2):333-7

23. Wolfe RR, "The underappreciated role of muscle in health and disease", Am J Clin Nutr. 2006 Sep;84(3):475-82

24. Wolfe RR1, "The underappreciated role of muscle in health and disease", Am J Clin Nutr. 2006 Sep;84(3):475-82

25. Henry RR, Wiest-Kent TA, Scheaffer L, Kolterman OG, Olefsky JM, "Metabolic consequences of very-low-calorie diet therapy in obese non-insulin-dependent diabetic and nondiabetic subjects", Diabetes. 1986 Feb;35(2):155-64

26. Ancel Keys, "Effects of Starvation – University of Minnesota Starvation Study", 1944

27. Tomiyama AJ, Mann T, Vinas D, Hunger JM, Dejager J, Taylor SE., "Low calorie dieting increases cortisol" Psychosom Med. 2010 May;72(4):357-64. doi: 10.1097/PSY.0b013e3181d9523c. Epub 2010 Apr 5

28. Redman LM1, Heilbronn LK, Martin CK, de Jonge L, Williamson DA, Delany JP, Ravussin E; Pennington CALERIE Team, "Metabolic and behavioral compensations in response to caloric restriction: implications for the maintenance of weight loss", PLoS One. 2009;4(2):e4377. doi: 10.1371/journal.pone.0004377. Epub 2009 Feb 9

29. Cangemi R, Friedmann AJ, Holloszy JO, Fontana L, "Long-term effects of calorie restriction on serum sex-hormone concentrations in men", Aging Cell. 2010 Apr; 9(2):236-42. doi: 10.1111/j.1474-9726.2010.00553.x. Epub 2010 Jan 20

5 Regeln für eine erfolgreiche Ernährung

1. Ballor DL, Katch VL, Becque MD, Marks CR, "Resistance weight training during caloric restriction enhances lean body weight maintenance", Am J Clin Nutr. 1988 Jan;47(1):19-25

2. Pasiakos SM, Vislocky LM, Carbone JW, Altieri N, Konopelski K, Freake HC, Anderson JM, Ferrando AA, Wolfe RR, Rodriguez NR, "Acute energy deprivation affects skeletal muscle protein synthesis and associated intracellular signaling proteins in physically active adults", J Nutr. 2010 Apr;140(4):745-51. doi: 10.3945/jn.109.118372. Epub 2010 Feb 17

3. American College of Sports Medicine, "American College of Sports Medicine position stand. Progression models in resistance training for healthy adults", Med Sci Sports Exerc. 2009 Mar;41(3):687-708. doi: 10.1249/MSS. 0b013e3181915670

4. Fatouros IG, Chatzinikolaou A, Tournis S, Nikolaidis MG, Jamurtas AZ, Douroudos II, Papassotiriou I, Thomakos PM, Taxildaris K, Mastorakos G, Mitrakou A, "Intensity of resistance exercise determines adipokine and resting energy expenditure responses in overweight elderly individuals", Diabetes Care. 2009 Dec;32(12):2161-7. doi: 10.2337/dc08-1994. Epub 2009 Sep 3

5. Farinatti PT, Castinheiras Neto AG, "The effect of between-set rest intervals on the oxygen uptake during and after resistance exercise sessions performed with large- and small-muscle mass", J Strength Cond Res. 2011 Nov;25(11):3181-90. doi: 10.1519/JSC.0b013e318212e415

6. Deutsche Gesellschaft für Ernährung e.V., "Wie viel Protein brauchen wir?", Presseinformation: DGE aktuell, Presse, 2017 08/2017 vom 21. September

7. Tipton KD, Wolfe RR., "Protein and amino acids for athletes", J Sports Sci. 2004 Jan;22(1):65-79

8. Helms ER, Zinn C, Rowlands DS, Brown SR, "A systematic review of dietary protein during caloric restriction in resistance trained lean athletes: a case for higher intakes", Int J Sport Nutr Exerc Metab. 2014 Apr;24(2):127-38. doi: 10.1123/ijsnem.2013-0054. Epub 2013 Oct 2

9. diabetesDE – Deutsche Diabetes-Hilfe, "Zahlen und Fakten zu Diabetes"

10. Diabetes-Deutschland.de, "Zahlen aus Deutschland"

11. DiMeglio DP, Mattes RD, "Liquid versus solid carbohydrate: effects on food intake and body weight", Int J Obes Relat Metab Disord. 2000 Jun;24(6):794-800

12. Willett W, Manson J, Liu S., "Glycemic index, glycemic load, and risk of type 2 diabetes", Am J Clin Nutr. 2002 Jul;76(1):274S-80S

13. Kiens B, Richter EA, "Types of carbohydrate in an ordinary diet affect insulin action and muscle substrates in humans", Am J Clin Nutr. 1996 Jan;63(1):47-53

14. Gibson SA, "Dietary sugars intake and micronutrient adequacy: a systematic review of the evidence", Nutr Res Rev. 2007 Dec;20(2):121-31. doi: 10.1017/S0954422407797846

15. Bendsen NT, Christensen R, Bartels EM, Astrup A, "Consumption of industrial and ruminant trans fatty acids and risk of coronary heart disease: a systematic review and meta-analysis of cohort studies", Eur J Clin Nutr. 2011 Jul;65(7):773-83. doi: 10.1038/ejcn.2011.34. Epub 2011 Mar 23

16. Chowdhury R, Warnakula S, Kunutsor S, Crowe F, Ward HA, Johnson L, Franco OH, Butterworth AS, Forouhi NG, Thompson SG, Khaw KT, Mozaffarian D, Danesh J, Di Angelantonio E, "Association of dietary, circulating, and supplement fatty acids with coronary risk: a systematic review and meta-analysis", Ann Intern Med. 2014 Mar 18;160(6):398-406. doi: 10.7326/M13-1788

17. U.S. Department of Agriculture, U.S. Department of Health and Human Services , "Dietary Guidelines for Americans 2010"